经济管理学术文库 • 管理类

南柳桂北国家自主创新示范区协同发展研究

Research on the Collaborative Development of Nan-Liu-Gui-Bei National Independent Innovation Demonstration Zone

王兴中／著

经济管理出版社
ECONOMY & MANAGEMENT PUBLISHING HOUSE

图书在版编目（CIP）数据

南柳桂北国家自主创新示范区协同发展研究/王兴中著．—北京：经济管理出版社，2019.12

ISBN 978－7－5096－5160－5

Ⅰ.①南…　Ⅱ.①王…　Ⅲ.①高技术开发区—经济发展—研究—广西　Ⅳ.①F127.67

中国版本图书馆CIP数据核字(2019)第278546号

组稿编辑：郭　飞
责任编辑：曹　靖　郭　飞
责任印制：黄章平
责任校对：赵天宇

出版发行：经济管理出版社
（北京市海淀区北蜂窝8号中雅大厦A座11层　100038）
网　　址：www.E－mp.com.cn
电　　话：（010）51915602
印　　刷：北京玺诚印务有限公司
经　　销：新华书店
开　　本：720mm×1000mm/16
印　　张：11.25
字　　数：183千字
版　　次：2019年12月第1版　　2019年12月第1次印刷
书　　号：ISBN 978－7－5096－5160－5
定　　价：78.00元

目　录

第一章 国家自主创新示范区建设和发展概述

第一节 国家自主创新示范区建设与发展的历程

一、建设国家自主创新示范区的源起

我国国家自主创新示范区建设与建设创新型国家的总体战略密切相关，建设国家自主创新示范区，是我国加快推进创新型国家建设、依靠自主创新实现科学发展的重要探索（刘延东，2009）。自 2009 年 3 月 13 日国务院批复同意在我国首个国家级高新技术产业开发区——中关村科技园区建设我国首个国家自主创新示范区（国函〔2009〕28 号）以来，基于国家高新区建设国家自主创新示范区已成为一种现实状态。从我国高新区的发展来说，自 2001 年起国家高新区开始实施的“二次创业”战略仍将在相当长时间内具有适用性（曹健林，2007），增强自主创新能力是我国高新区“二次创业”的重点和中心任务（徐冠华，2006），建设国家自主创新示范区是我国国家高新区以提升自主创新能力为核心的“二次创业”的新态势和重要方向。

20 世纪 90 年代肇始于美国的科技革命，使全球进入一个前所未有的创新密集时代，科技进步与经济发展的结合日益紧密，科学技术逐步成为世界经济和社会发展的主要驱动力。因此，推进我国从大国走向强国，必须紧紧地依靠科技进

步和创新。2006 年 1 月召开的全国科学技术大会上，胡锦涛同志提出：坚持走中国特色自主创新道路、为建设创新型国家而努力奋斗。党的十七大把提高自主创新能力、建设创新型国家作为国家发展的核心和提高综合国力的关键，这也是党的代表大会第一次把科技放在整个经济发展的第一位（刘延东，2009）。2008 年国际金融危机给世界经济带来了严重冲击，世界经济经历了深刻的变革。发达国家纷纷转变经济增长方式，推出以科技创新为核心的发展战略，新经济、新产业、新业态蓬勃发展，创新全球化深入演进。我国经济在世界金融危机的影响下，进入了 21 世纪以来最困难的时期，GDP 增速逐步放缓。为此，中央出台了“一揽子”方案，并把科技作为五大措施之一，重视科技在应对金融危机中的作用。国务院也相应地发布了关于发挥科技支撑的作用，促进经济平稳较快发展的意见。党中央和国务院关于建设国家自主创新示范区的重大决策，是应对金融危机、坚持走中国特色自主创新道路的重要实践，也是依靠自主创新实现科学发展的重要探索（刘延东，2009）。

二、国家自主创新示范区发展简况

2014 年国务院先后批复同意深圳、苏南、长株潭和天津 4 家国家自主创新示范区启动建设，相对于 2009 ~ 2013 年仅有 3 家，我国国家自主创新示范区建设工作明显加快。2016 年 3 月，国务院政府工作报告明确提出：“加快将国家自主创新示范区试点政策推广到全国，再建设一批国家自主创新示范区、高新区。”并将其列入国务院重点工作部门分工（国发〔2016〕20 号）。2016 年 7 月国务院印发《“十三五”国家科技创新规划》提出：“按照‘东转西进’的原则优化布局，依托国家高新区再建设一批国家自主创新示范区”（国发〔2016〕43 号）。2014 ~ 2016 年，国务院共批复同意 14 家国家自主创新示范区启动建设。2018 年 11 月底，国务院批复同意乌鲁木齐、昌吉、石河子高新技术产业开发区建设国家自主创新示范区（国函〔2018〕145 号），是我国 5 个少数民族自治区中首个获批建设的国家自主创新示范区，这也使得国务院批复同意建设的国家自主创新示范区达到 20 个（见表 1 – 1）。国务院已批复在 18 个省区市建设 20 个国家自主创新示范区，涵盖我国东部、中部、西部以及东北等各大地带，并覆盖了我国省、自治区、直辖市、三种省级行政区。

表 1-1　国家自主创新示范区一览（截至 2018 年底）

序号	示范区名称	批复时间	涵盖的国家高新区	发展定位或建设目标
1	北京中关村国家自主创新示范区	2009 年 3 月	中关村科技园区	具有全球影响力的科技创新中心和高技术产业基地
2	武汉东湖国家自主创新示范区	2009 年 12 月	武汉东湖	依靠创新驱动发展、推动资源节约型和环境友好型社会建设的典范；世界一流的高科技园区，享誉世界的“光谷”
3	上海张江国家自主创新示范区	2011 年 1 月	上海张江、紫竹	带动上海、长三角区域乃至整个东部地区创新发展的重要引擎，代表中国参与国际高新技术产业竞争的特色品牌；世界一流科技园区
4	深圳国家自主创新示范区	2014 年 5 月	深圳	具有世界影响力的国际创新中心
5	苏南国家自主创新示范区	2014 年 10 月	南京、苏州、无锡、常州、昆山、江阴、武进、镇江和苏州工业园区	具有国际竞争力的创新型经济发展高地
6	长株潭国家自主创新示范区	2014 年 12 月	长沙、株洲、湘潭	具有全球影响力的“一带一路”创新创业中心
7	天津国家自主创新示范区	2014 年 12 月	天津滨海	具有国际竞争力的产业创新中心和国家重要的区域创新中心
8	成都国家自主创新示范区	2015 年 6 月	成都	西部地区发展新的增长极和国际创新创业中心
9	西安国家自主创新示范区	2015 年 8 月	西安	具有国际竞争力的先进制造创新中心和“一带一路”创新之都
10	杭州国家自主创新示范区	2015 年 8 月	杭州、萧山临江	具有全球影响力的“互联网+”创新创业中心
11	珠三角国家自主创新示范区	2015 年 9 月	广州、中山火炬、东莞松山湖、佛山、惠州、珠海、肇庆、江门	国际一流的创新创业中心
12	郑洛新国家自主创新示范区	2016 年 4 月	郑州、洛阳、新乡	具有国际竞争力的中原创新创业中心

续表

序号	示范区名称	批复时间	涵盖的国家高新区	发展定位或建设目标
13	山东半岛国家自主创新示范区	2016 年 4 月	济南、青岛、淄博、潍坊、烟台、威海	具有全球影响力的海洋科技创新中心
14	沈大国家自主创新示范区	2016 年 4 月	沈阳、大连	东北亚科技创新创业中心
15	福厦泉国家自主创新示范区	2016 年 6 月	福州、厦门、泉州	连接海岸两峡、具有较强产业竞争力和国际影响力的科技创新中心
16	合芜蚌国家自主创新示范区	2016 年 6 月	合肥、芜湖、蚌埠	具有重要影响力的产业创新中心
17	重庆国家自主创新示范区	2016 年 7 月	重庆	具有重要影响力的西部创新中心
18	宁温国家自主创新示范区	2018 年 2 月	宁波、温州	民营经济创新创业新高地
19	兰州白银国家自主创新示范区	2018 年 2 月	兰州、白银	西部地区有影响力的区域科技创新中心，新的区域经济增长极
20	乌鲁木齐、昌吉、石河子国家自主创新示范区	2018 年 11 月	乌鲁木齐、昌吉、石河子	丝绸之路经济带创新创业新高地

注：本表参考了王玲杰等所著《国家自主创新示范区建设比较与实证研究》第 2 ~4 页表 1 –1。

从所依托的城市来看，现有国家自主创新示范区涉及我国全部 4 个直辖市，另有 11 个副省级城市（含省城及计划单列市）和 5 个省城作为国家自主创新示范区的牵头城市，其中有 8 个国家自主创新示范区以城市群为依托（见表 1 –2）。

除深圳国家自主创新示范区涵盖整个城市的产业区外，其他国家自主创新示范区均以相应的国家高新区为其核心地域范围。

从现有国家自主创新示范区地理分布情况来看，现有 20 个国家自主创新示范区，东部 10 个、中部 4 个、西部 5 个、东北 1 个，其中国家高新区最多的东部广东、浙江两省，分别有 2 个。已有国家自主创新示范区 18 个省区市中，东部 5 省、3 直辖市，中部 4 省，西部 3 省、1 直辖市、1 自治区，东北 1 省。

表 1－2　现有 20 个国家自主创新示范区的分布情况

区域	省级行政区	国家自主创新示范区名称	所在城市性质
东部（10[a]）	北京（1）	中关村国家自主创新示范区	直辖市
	上海（1）	上海张江国家自主创新示范区	直辖市
	江苏（1）	江苏苏南国家自主创新示范区	副省级城市（省城）及其城市群
	天津（1）	天津国家自主创新示范区	直辖市
	浙江（2）	杭州国家自主创新示范区	副省级城市（省城）
		宁波温州国家自主创新示范区	副省级城市（计划单列市）及地级市
	广东（2）	深圳国家自主创新示范区	副省级城市（计划单列市）
		珠三角国家自主创新示范区	副省级城市（省城）及其城市群
	山东（1）	山东半岛国家自主创新示范区	副省级城市（含省城、计划单列市）及其城市群
	福建（1）	福厦泉国家自主创新示范区	副省级城市（计划单列市）、省城及其城市群
中部（4）	湖北（1）	武汉东湖国家自主创新示范区	副省级城市（省城）
	湖南（1）	长株潭国家自主创新示范区	省城及其城市群
	河南（1）	郑洛新国家自主创新示范区	省城及其城市群
	安徽（1）	合芜蚌国家自主创新示范区	省城及其城市群
西部（5）	四川（1）	成都国家自主创新示范区	副省级城市（省城）
	陕西（1）	西安国家自主创新示范区	副省级城市（省城）
	重庆（1）	重庆国家自主创新示范区	直辖市
	甘肃（1）	兰州白银国家自主创新示范区	省城及其都市圈
	新疆（1）	乌鲁木齐、昌吉、石河子国家自主创新示范区[b]	省城及地级市
东北（1）	辽宁（1）	沈大国家自主创新示范区	副省级城市（含省城、计划单列市）

注：a 括号内数字为示范区个数；

b 乌鲁木齐、昌吉、石河子国家自主创新示范区为我国 5 个自治区中首个国家自主创新示范区。

三、国家自主创新示范区建设成效

经过2009年以来的十年建设和发展，我国国家自主创新示范区已经成为我国国家创新体系的重要组成部分。在全国形成了系统布局、多点辐射、全面带动、引领发展的良好态势，已经成为支撑引领区域发展的创新高地，培育壮大新产业、新动能的重要引擎，汇聚高端创新资源和要素的重要载体，开展国际科技竞争与创新合作的前沿阵地。国家自主创新示范区持续保持较快速度发展：一是自主创新能力显著提升，高水平创新成果不断涌现，国家自主创新示范区已成为我国创新活动最活跃、创新投入强度最大、创新成果最丰硕的区域。二是新产业、新业态蓬勃发展，创新型特色产业集群不断壮大，转型升级新引擎作用不断增强。三是创新创业蔚然成风，“双创”“领头羊”作用日益凸显，形成了从众创空间、孵化器、加速器到产业园区的完整创新链条和良好创新生态。四是开放合作深度广度不断拓展，辐射带动作用显著增强。五是成为改革先行先试“探路者”，体制机制创新取得重要突破①。

从现有20个国家自主创新示范区主要经济指标来看，各示范区发展差异较大。东部地区国家自主创新示范区发展的水平明显高于中西部和东北地区，东部10个国家自主创新示范区主要经济指标均在非东部10个国家自主创新示范区2倍以上（见表1-3）。其中，高新技术企业数最多的北京中关村是最少的乌鲁木齐、昌吉、石河子（以下简称乌昌石）的62.3倍，营业收入最多的北京中关村是最少的兰州白银（以下简称兰白）的19.0倍，工业总产值最多的苏南是最少的乌昌石的20.5倍，利税总额最多的北京中关村是最少的兰白的19.9倍，出口总额最多的苏南是最少的乌昌石的337.2倍。这一结果，体现了我国国家自主创新示范区“东转西进”的原则设计，国家自主创新示范区促进了东部地区率先转型升级，并推进了中西部地区创新发展，整体上促进了我国不同经济地带间的区域协同创新。

① 参考国家科技部官方网站报道：科技部．国家自主创新示范区带动形成区域创新高地［EB/OL］．http：//www.most.gov.cn/kjbgz/201804/t20180404_138980.htm，2018-04-04.

表 1－3　2017 年国家自主创新示范区主要经济指标

	国家自主创新示范区	高新技术企业数（个）	营业收入（亿元）	工业总产值（亿元）	利税总额（亿元）	出口总额（亿元）
东部	北京中关村	13022	53025.8	10796.0	6289.5	2084.4
	苏南	3509	25484.9	21757.8	3045.3	6980.8
	珠三角	5744	22659.2	18566.3	2606.9	5105.9
	上海张江	3756	19769.9	11248.7	3153.4	2668.7
	山东半岛	1392	14574.4	11127.8	1865.9	1594.6
	深圳	1520	7271.2	4333.1	1434.2	1425.1
	杭州	785	6745.8	4495.3	1026.3	498.5
	天津滨海	1458	4472.5	2359.3	442.3	367.3
	福厦泉	965	4467.3	4167.9	457.4	1314.7
	宁温	504	4085.0	2418.1	479.5	462.7
	东部平均	3266	16255.6	9127.0	2080.1	2250.3
中部	武汉东湖	1766	12012.5	5581.3	1419	1091.1
	长株潭	1045	9209.9	7697.1	1044.8	858.7
	合芜蚌	1210	7107.4	6238.9	1112.0	850.4
	郑洛新	1116	5240.6	3790.2	532.9	333.3
	中部平均	1284	8392.6	5826.9	1027.2	783.4
西部	西安	1156	11229.7	8124.3	1514.5	1498.2
	成都	1201	5927.6	4234.8	801.7	1711.7
	乌昌石	209	4138.1	1060.7	465.7	20.7
	重庆	552	3465.1	2917.2	541.3	317.2
	兰白	221	2786.7	1569.8	316.2	41.4
	西部平均	668	5509.4	3581.4	727.9	717.9
东北	沈大	680	3509.2	1667.9	336.8	390.5
中西部及东北平均		916	6462.7	4288.2	808.5	711.3
东部与非东部之比		3.6	2.5	2.1	2.6	3.2

注：本表仅统计所依托的国家高新区数据，来源于《中国火炬统计年鉴 2018》。

各主要经济指标总体上呈现东部、中部、西部、东北的下降态势，东北地区和东部地区差距极为明显（见图 1－1）。

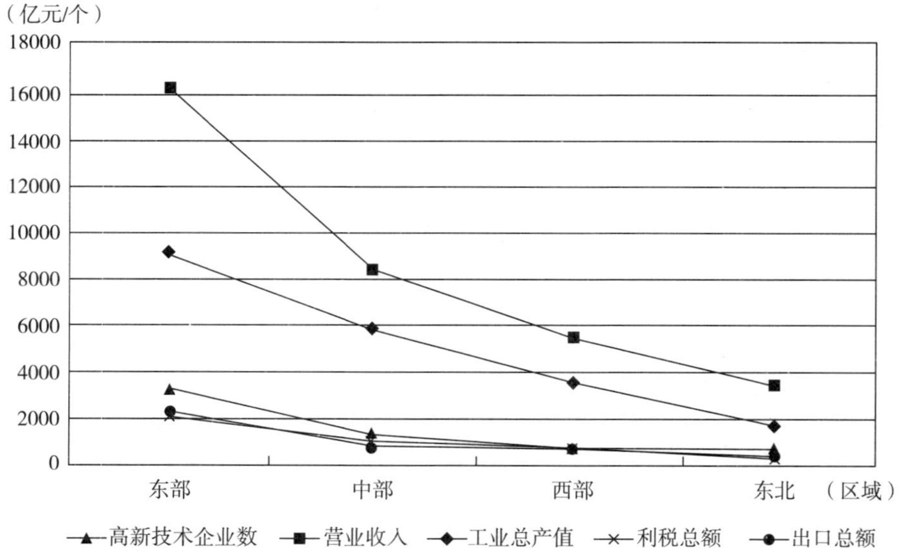

图 1-1　国家自主创新示范区分区域主要经济指标比较

第二节　国家自主创新示范区的功能和建设内容

一、国家自主创新示范区的概念和功能

目前学界还未明确界定国家自主创新示范区的概念和内涵，多数学者认为，国家自主创新示范区是经国务院批准，在推进自主创新和高技术产业发展方面先行先试、探索经验、做出示范的区域（辜胜阻、马军伟，2010；周勇、葛沪飞等，2015；王谢勇、王爽、孙毅，2017；王玲杰等，2018）。胡树华等学者最早明确提出国家自主创新示范区的内涵：国家自主创新示范区是在国家知识最密集、技术最密集、政策最优惠的区域，通过体制创新和技术创新，以优化的软硬环境为依托，最大限度地把科技成果转化成现实生产力的聚集示范区域（胡树华等，2011；周洪宇等，2014）。

总结国家自主创新示范区概念和内涵，我们认为包括以下三点：

第一，国家自主创新示范区是我国一种国家级的政策性区域，由中华人民共和国国务院批准，建设国家自主创新示范区是新形势下党中央、国务院做出的一项重大决策，政策最优惠。

第二，国家自主创新示范区的核心在于自主创新，打造世界一流的创新高地。区域内知识最密集、技术最密集，体制创新和技术创新最丰富，最大限度地把科技成果转化成现实生产力，加快发展高技术产业和战略性新兴产业。

第三，国家自主创新示范区的关键在于示范性，强调政策的先行先试，探索创新驱动发展的现实路径，为全国的科技事业发展做出示范，对其他国家高新区和区域经济社会发展做出引领和示范。

而在国家自主创新示范区的作用和功能方面，根据国务院的批复文件精神，学者的观点主要有以下三种：

第一，国家自主创新示范区被赋予四种重要角色：担当着全国国家级高新区的“排头兵”；承载着新形势下探索国家自主创新发展路径的历史使命；代表着国家自主创新聚集区最高水平；力争占领世界高新技术产业制高点（胡树华等，2011；周洪宇等，2014）。

第二，建设国家自主创新示范区对于进一步完善科技创新的体制机制，加快发展战略性新兴产业，推进创新驱动发展，加快转变经济发展方式等方面将发挥重要的引领、辐射和带动作用。国家自主创新示范区应敢于先行先试，冲破传统体制机制的束缚，充分利用高新技术开发区的资源聚集效应，加强投融资、创新激励、风险规避和成果转化等方面的体制机制创新，培育示范区的内在创新能力，提升高新技术开发区内生发展动力，发挥“典型”示范效应（周勇、葛沪飞等，2015）。

第三，建设国家自主创新示范区对于进一步完善科技创新的体制机制，加快发展战略性新兴产业，推进创新驱动发展，加快转变经济发展方式等方面将发挥重要的引领、辐射、带动作用（王谢勇、王爽、孙毅，2017）。国家自主创新示范区是实现创新型国家和区域创新体系构建战略的重要载体，是我国产业转型升级、区域经济创新改革的重要平台，发挥对全国国家级高新区的带动作用，肩负着探索自主创新之路实现国家发展的历史使命，对推动经济高质量发展发挥重要的引导作用（王玲杰等，2018）。

根据《国务院关于同意支持中关村科技园区建设国家自主创新示范区的批复》（国函〔2009〕28 号）文件精神，多数学者认为，国家自主创新示范区的功能具体表现在：开展股权激励试点；深化科技金融改革创新试点；国家科技重大专项（课题）经费按规定核定间接费用；支持新型产业组织参与国家重大科技项目；实施支持创新创业的税收政策；组织编制发展规划（胡树华等，2011；周洪宇等，2015；周勇、葛沪飞等，2015）。

不过，国家自主创新示范区的具体功能是不断优化和与时俱进的，根据我国建设创新型国家的战略部署以及创新发展驱动的经济社会发展实际需要，这一点可以从国务院对国家自主创新示范区批复文件中归纳出来。截至 2018 年 12 月，我国国家自主创新示范区的主要功能表述为：积极开展创新政策先行先试，着力培育良好的创新创业生态，激发各类创新主体活力，深入推进大众创业、万众创新，打造创新创业新高地，全面提升区域创新体系整体效能；并要求，不断深化简政放权、放管结合、优化服务改革，积极开展科技体制改革和机制创新，加强资源优化整合，并在科技成果转化、人才培养引进、科技金融结合、知识产权运用与保护等具体方面探索示范[①]。因此，我国国家自主创新示范区的主要功能可以归纳为以下三个方面：

第一，积极开展创新政策先行先试，不断深化简政放权、放管结合、优化服务改革，积极开展科技体制改革和机制创新，并探索示范科技成果转化、人才培养引进、科技金融结合、知识产权运用与保护以及其他创新驱动发展的具体方面。

第二，着力培育良好的创新创业生态，激发各类创新主体活力，深入推进大众创业、万众创新，打造创新创业新高地。

第三，全面提升区域创新体系整体效能，促进国家创新体系建设，加快创新型国家建设。

① 参见《国务院关于同意乌鲁木齐、昌吉、石河子高新技术产业开发区建设国家自主创新示范区的批复》（国函〔2018〕145 号）。

二、国家自主创新示范区建设的主要内容

为发挥前述国家自主创新示范区的作用和功能，各示范区根据国务院批复的文件精神和本示范区的特色优势、战略定位和发展目标，在科技部和各省级人民政府的指导下，为建设好国家自主创新示范区，制定了适合自身发展的具体建设内容。根据示范区已经发布的相应发展规划纲要、实施方案或实施意见，我们归纳了部分国家自主创新示范区建设的主要内容（见表1－4）。

表1－4　部分国家自主创新示范区的建设内容概要一览

序号	示范区	建设内容概要	来源文件	发布时间
1	中关村国家自主创新示范区	三、提升持续创新基础能力 四、搭建产业创新发展平台 五、集聚整合核心创新要素 六、推进开放创新与合作 七、统筹规划空间布局 八、营造创新友好环境	中关村国家自主创新示范区发展规划纲要（2011～2020年）	2011年1月
2	东湖国家自主创新示范区	三、增强自主创新能力 四、打造创新型产业集群 五、建设创新要素集聚高地 六、加快建设“两型”社会 七、全面推进开放创新与合作 八、优化创新发展环境	东湖国家自主创新示范区发展规划纲要（2011～2020年）	2012年3月
3	上海张江国家自主创新示范区	三、增强自主创新能力 四、培育创新型企业 五、构建创新型产业体系 六、优化调整空间布局 七、推进开放创新与合作发展 八、营造创新友好环境	上海张江国家自主创新示范区发展规划纲要（2013～2020年）	2013年6月

续表

序号	示范区	建设内容概要	来源文件	发布时间
4	深圳国家自主创新示范区	三、增强自主创新能力 四、打造创新型产业集群 五、建设创新要素集聚高地 六、统筹规划空间布局 七、全面推进开放创新 八、优化创新发展环境	深圳国家自主创新示范区发展规划纲要（2015～2020年）	2014年12月
5	苏南国家自主创新示范区	三、增强自主创新能力 四、全面推进改革创新 五、完善创新一体化布局 六、优化创新发展环境	苏南国家自主创新示范区发展规划纲要（2015～2020年）	2015年8月
6	天津国家自主创新示范区	三、引领中国制造业转型升级，打造产业创新中心 四、打造科技型中小企业升级版，塑造创新主体新优势 五、集聚高端创新创业要素，构筑研发转化新高地 六、优化产业空间布局，打造科技园区新平台 七、完善城市配套功能，强化创新创业新支撑 八、推动五大战略深度融合，形成开放创新新格局	天津国家自主创新示范区发展规划纲要（2015～2020年）	2015年9月
7	长株潭国家自主创新示范区	三、重点任务 （一）增强自主创新能力 （二）优化创新创业生态 （三）深化科技体制改革 （四）建设长株潭人才发展改革试验区 （五）培育创新型产业集群 （六）推动区域开放协同 （七）引领绿色发展	长株潭国家自主创新示范区发展规划纲要（2015～2025年）	2015年11月

续表

序号	示范区	建设内容概要	来源文件	发布时间
8	珠三角国家自主创新示范区	二、建设协同高效的区域创新格局 三、构建具有全球竞争力的产业新体系 四、全面提升区域自主创新能力 五、打造国际一流创新创业中心 六、全面推进体制机制改革创新与政策先行先试	珠三角国家自主创新示范区建设实施方案（2016～2020年）	2016年4月
9	郑洛新国家自主创新示范区	五、重点任务 （一）深化体制改革和机制创新 （二）提升自主创新能力 （三）推进技术转移和开放合作 （四）加快产业转型升级发展 （五）构建创新创业生态体系 （六）促进郑洛新城市群协同创新发展	郑洛新国家自主创新示范区建设实施方案	2016年5月
10	山东半岛国家自主创新示范区	三、全面深化改革，加快建立适应示范区创新发展的体制机制 四、推动先行先试，健全对示范区创新发展的政策支持机制 五、提升自主创新能力，打造以蓝色经济引领转型升级的示范样板 六、完善科技服务体系，不断优化示范区创新创业生态 七、强化保障措施，为示范区建设发展营造良好环境	中共山东省委山东省人民政府关于加快山东半岛国家自主创新示范区建设发展的实施意见	2016年9月
11	成都国家自主创新示范区	二、聚焦创新创业，建成创新驱动发展引领区 三、突出新兴产业，建成高端产业集聚区 四、推动全域协作，建成开放创新示范区 五、全面深化改革，建成科技体制改革试验田 六、强化工作保障，为示范区建设提供强力支撑	四川省人民政府办公厅关于加快建设成都国家自主创新示范区的实施意见	2017年1月

注：“建设内容概要”根据各国家自主创新示范区发布的发展规划纲要、实施方案或实施意见的实际目录标题进行罗列，具体内容详见附录三至附录五。

因此，国家自主创新示范区建设的主要内容包括：

（1）提升自主创新能力。集聚高端创新创业要素，提升持续创新基础能力，培育创新型企业，塑造创新主体新优势，构筑研发转化高地，全面提升区域自主创新能力。

（2）构建创新型产业体系。搭建产业创新发展平台，打造产业创新中心，形成创新型产业集群，建成高端产业集聚区，引领国家产业转型升级，构建具有全球竞争力的产业新体系。

（3）优化区域创新格局。统筹规划创新空间布局，完善创新一体化，推动全域协作，促进区域和城市群协同创新发展，形成协同高效的区域创新格局，推进形成完善的国家创新体系。

（4）推进开放创新与合作。推进技术转移和开放合作，扩大国际科技合作，搭建开放合作发展新平台，打造国际一流创新创业中心，优化“三跑并存”的开放创新格局。

（5）构建创新创业生态体系。完善科技服务体系，健全创新发展的政策支持体系，不断优化创新创业生态，营造创新友好环境。

（6）全面推进改革创新。全面深化改革，推进体制机制改革创新与政策先行先试，加快建立适应创新发展的体制机制，建成科技体制改革试验田。

第三节　国家自主创新示范区的建设模式

一、国家自主创新示范区建设模式分类

有学者指出，除共性特征外，我国国家自主创新示范区主要有四种特色发展模式：科教资源依托型（北京中关村）、制度创新引领型（上海张江）、高端人才带动型（深圳）、产业转移承接型（合芜蚌），各个国家自主创新示范区根据自身资源禀赋，探索符合本地发展实际的特色鲜明的国家自主创新示范区发展模式（郑广建，2018）。最早批复建设的中关村、武汉东湖、上海张江和深圳 4 个

国家自主创新示范区都是依托单个高新区[①]（或城市）进行建设的，而党的十八大后国家自主创新示范区建设模式发生了依托单位由单个向集体抱团的重要转变（钟振清、李东霖，2017）。从依托建设的高新区数量及城市地域特征来看，我国现有20个国家自主创新示范区的建设发展模式，可以归结为五种典型模式。

（一）单个高新区模式

国家自主创新示范区单个高新区模式是指依托单个高水平的国家高新区进行建设的发展模式，其区域范围为国务院有关部门公布的开发区审核公告确定的范围。采用该模式的国家自主创新示范区包括：北京中关村、武汉东湖、天津、成都、西安、重庆6个，分别是位于我国三个直辖市的高新区，或者是所在城市是我国中西部地区科教中心。同时，作为国家自主创新示范区核心区的国家高新区，一般为世界一流高科技园区或者创新型科技园区，其发展水平高、自主创新能力强。其中，北京中关村、武汉东湖、成都、西安4个国家高新区均为我国第一批世界一流高科技园区，天津滨海为第一批创新型科技园区。

（二）单个城市多个高新区模式

国家自主创新示范区同城多个高新区模式是指依托处于同一城市的多个高新区进行建设的发展模式。采用该模式的国家自主创新示范区包括：上海张江、杭州2个，所在城市分别为直辖市和副省级城市（兼省城）。其中，上海张江国家自主创新示范区含上海张江和上海紫竹2个国家高新区（上海紫竹高新技术产业园区在上海张江国家自主创新示范区获批后升级为国家高新区），杭州国家自主创新示范区含杭州、萧山临江2个国家高新区。

（三）单个城市模式

国家自主创新示范区单个城市模式是指依托单个城市的国家高新区为核心，通过一城多区、全城覆盖进行建设的发展模式。采用该模式的国家自主创新示范区仅有深圳国家自主创新示范区，它以城市为基本单元，涵盖了深圳市10个行政区和新区的产业用地。

（四）多城协作“多城多区”模式

国家自主创新示范区多城协作“多城多区”模式是指依托多个城市的国家

① 上海张江国家自主创新示范区后因扩大到上海紫竹国家高新区而涵盖了2个国家高新区。

高新区为核心，通过相互分割的各个城市的国家高新区进行建设的发展模式。采用该模式的国家自主创新示范区有沈大、宁波温州2个。其中沈大国家自主创新示范区的沈阳、大连虽同属辽中南城市群，但辽中南城市群中的多数国家高新区并未纳入其中，从而只体现了沈阳、大连之间城市协作，而非城市群协同。

（五）城市群协同“多城多区”模式

国家自主创新示范区城市群协同“多城多区”模式是指依托某个城市群内的国家高新区为核心进行建设的发展模式。采用该模式的国家自主创新示范区有苏南、珠三角、山东半岛、福厦泉、长株潭、郑洛新、合芜蚌、兰州白银以及乌鲁木齐、昌吉、石河子9个。其中，兰州白银国家自主创新示范区虽只有两个城市，只占甘肃青海“兰西城市群”的一部分，但兰州、白银在甘肃省内以“兰白都市圈”的形式抱团发展，因此也属城市群形态。而乌鲁木齐、昌吉、石河子同属“丝绸之路城镇发展带”（天山北坡城市群）以及天山北坡经济带，引领丝绸之路经济带核心区的创新发展。

二、国家自主创新示范区建设模式的演变趋势

从我国现有20个国家自主创新示范区的建设发展五种典型模式的分布和演变过程来看，存在由单核突进向多核协同发展的基本趋势。我国最早批复建设的北京中关村国家自主创新示范区、武汉东湖国家自主创新示范区、上海张江国家自主创新示范区，批复建设时均是以单个独立的国家高新区进行建设。这三个国家自主创新示范区建设所依托的国家高新区，均属我国国家高新区发展水平最高的“世界一流高科技园区”（当时全国仅有6个世界一流高科技园区）。虽然上述国家自主创新示范区在建设过程中逐步扩宽有关政策适用的范围、多采用了“一区多园”的发展模式（其中，上海张江国家自主创新示范区还增加了上海紫竹国家高新区），但建设的初始设想是依托发展水平高、自主创新能力强的国家高新区的示范引领作用，推动我国国家高新区自主创新，从而提升我国整体的自主创新之路，完善国家创新体系。

随着我国国家自主创新示范区建设的深入发展，多个高新区、多个城市协同的国家自主创新示范区逐步增多。根据前述单个高新区模式、单个城市多个高新区模式、单个城市模式、多城协作“多城多区”模式、城市群协同“多城多区”

模式五种建设模式的划分，我们合并为单个高新区（第一种模式）、单个城市（含第二、第三种模式）、多个城市（含第四、第五种模式）三个类别，分析现有20个国家自主创新示范区的建设模式，其中单个高新区类别合计6个、单个城市类别合计3个、多个城市类别合计11个（见表1－5）。

表1－5 我国国家自主创新示范区类别分布

获批年份	建设模式的类别	个数
2009～2011	单个高新区	2
	单个城市	1
	多个城市	—
2014	单个高新区	1
	单个城市	1
	多个城市	2
2015	单个高新区	2
	单个城市	1
	多个城市	1
2016	单个高新区	1
	单个城市	—
	多个城市	5
2018	单个高新区	—
	单个城市	—
	多个城市	3

从我国国家自主创新示范区类别的历史进程来看，国家自主创新示范区建设依托国家高新区及城市，逐步由单个国家高新区和单个城市向多个城市及城市群的多个国家高新区协同发展演变（见图1－2）。这主要是由于我国国家高新区中的10个世界一流高科技园区（北京中关村、武汉东湖、上海张江、深圳、西安、成都、杭州、苏州工业园、合肥、广州）已全部纳入国家自主创新示范区建设，多数创新型科技园区也已经纳入国家自主创新示范区建设。只有统筹多个城市及城市群的多个国家高新区协同发展，才可以聚集足够的创新要素和资源，形成强劲的自主创新能力。

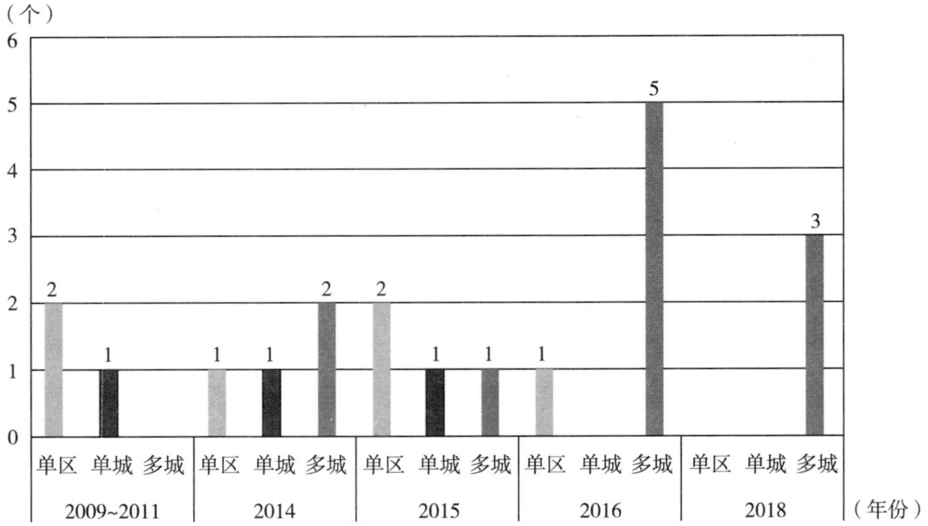

图 1－2　我国国家自主创新示范区类别的演变

第二章　广西自主创新示范区建设概述及典型案例

第一节　广西自主创新示范区建设的历程

一、启蒙探索阶段

2009 年 3 月，《国务院关于同意支持中关村科技园区建设国家自主创新示范区的批复》（国函〔2009〕28 号）批复同意中关村科技园区建设成为我国首个国家自主创新示范区，我国国家自主创新示范区建设和发展正式启动。2010 年 11 月中国共产党广西壮族自治区第九届委员会第十三次全体会议通过《中共广西壮族自治区委员会关于制定国民经济和社会发展第十二个五年规划的建议》，在“(17) 增强科技创新引领发展作用”中，提出要“支持创新型城市和自主创新示范区建设。”这是广西壮族自治区党委和政府首次明确提出建设“自主创新示范区”。

根据《国家高新技术产业开发区“十一五”发展规划纲要》，国家科技部对国家高新区实行分类指导，重点推进包括世界一流高科技园区、创新型科技园区、创新型特色园区的“三类园区”建设。2010 年 5 月在发布了《建设世界一流高科技园区行动方案》、《创新型科技园区建设指南》（国科发火〔2008〕273 号）基础上，为进一步推动国家高新区以提升自主创新能力为核心的“二次创业”，国家科技部制定发布《创新型特色园区建设指南》（国科发火〔2010〕244 号），在国家高新区开展创新型特色园区建设工作。随后，2011 年 1 月广西壮族自治区第十一届人民代表大会第四次会议通过的《广西壮族自治区国民经济和社会发展第十二个五年规划纲要》提出坚持自主创新、加快建设创新型广西，明确指出要“推进南宁、桂林、柳州高新技术产业开发区向创新型特色园区发展”。2011 年 8 月，《广西壮族自治区科学技术发展“十二五”规划》提出“加快推进南宁市国家创新型试点城市建设，选择柳州、桂林等创新基础条件好的城市建设若干自治区级创新型城市”。开展国家高新区创新型特色园区建设是促进国家高新区在新时期实施创新驱动发展战略的重要举措，也是广西国家高新区发展的方向。《广西壮族自治区人民政府关于加快高新技术产业开发区发展的若干意见》（桂政发〔2012〕55 号）明确提出：力争到 2015 年，南宁、柳州、桂林高新区建成国家创新型特色园区。

2013 年 2 月，桂林、南宁国家高新区经国家科技部同意启动并开展创新型特色园区建设工作（国科发火〔2013〕131 号），2015 年 3 月，柳州国家高新技术产业开发区经国家科技部同意启动并开展创新型特色园区建设工作（国科函火〔2015〕73 号）。

二、自治区级自主创新示范区建设阶段

2012 年 8 月，《中共广西壮族自治区委员会广西壮族自治区人民政府关于提高自主创新能力建设创新型广西的若干意见》（桂发〔2012〕21 号）提出：“积极探索人才激励、知识产权、科技金融、成果转化等方面的新模式、新机制，推动激励自主创新政策的先行先试，加快建立自主创新示范区。”2015 年 1 月，广西壮族自治区第十二届人民代表大会第四次会议通过的 2015 年政府工作报告明确提出：“建设柳州、桂林自治区级自主创新示范区”。2015 年 3 月，“支持柳州市、桂林市建设自治区级自主创新示范区”列入《广西壮族自治区 2015 年国民经济和社会发展计划》（桂政发〔2015〕11 号），随后，柳州、桂林开始推进自治区级自主创新示范区建设工作。2015 年 4 月底，桂林与广西科技厅共同召开对接会，桂林积极开展申报自治区级自主创新示范区工作，力争在推进自主创新和高新产业发展方面先行先试，在全区范围内做出示范①。

① 陈娟．桂林积极创建自治区级自主创新示范区［N］．桂林日报，2015－05－03（1）．

2016 年 9 月，广西召开全区创新驱动发展大会，出台了《中共广西壮族自治区委员会广西壮族自治区人民政府关于实施创新驱动发展战略的决定》（桂发〔2016〕23 号）及其配套文件，提出积极打造创新示范区："依托国家级高新区积极争创国家自主创新示范区，支持其在体制改革、人才激励、知识产权、科技金融、成果转化、土地管理、创新评价等方面先试先行，争取在重要领域和关键环节取得新突破，发挥示范带动作用。"为广西自主创新示范区建设指明了创建国家自主创新示范区的目标方向。

2015 年广西科技厅深入开展调查研究，并与柳州、桂林共同研究示范区建设工作。组织人员起草《广西自主创新示范区建设指导意见》和《关于支持自治区自主创新示范区建设的若干政策》，广泛征求修改意见。并将柳州和桂林申请创建自治区自主创新示范区有关材料转自治区有关部门征求意见后，分别向自治区人民政府报送了建议同意柳州、桂林创建自治区自主创新示范区的办理意见和建议（唐炳汉，2015）。2016 年，广西自主创新示范区建设正式启动和规范推进，制定了自治区级自主创新示范区创建工作报审条件和程序；柳州、桂林自治区级自主创新示范区建设方案经自治区政府常务会议审议通过，南宁、北海自治区级自主创新示范区加快推进创建工作。2015 年初的柳州、桂林两市"两会"的政府工作报告，分别把"启动国家级创新型试点城市和自主创新示范区创建工作"和"建设桂林自治区级自主创新示范区"作为实施创新驱动发展战略和完善科技创新体系的重要工作内容。

2016 年 2 月，《广西壮族自治区国民经济和社会发展第十三个五年规划纲要》指出，要建设南（宁）柳（州）桂（林）国家自主创新示范区（桂政发〔2016〕9 号），2016 年 9 月，《广西科技创新"十三五"规划》进一步明确为："重点以南宁、柳州、桂林、北海国家高新区为依托，创建南（宁）柳（州）桂（林）北（海）自主创新示范区，支持示范区在体制机制改革、创新资源整合优化、优势特色产业集聚、人才激励、知识产权、科技金融创新、成果转化等方面先试先行，将示范区建设成为区域创新中心，打造广西创新驱动发展新引擎（桂政办发〔2016〕111 号）。"广西创建南柳桂北（国家）自主创新示范区的构建设想初步成形。2017 年 1 月，广西壮族自治区第十二届人民代表大会第六次会议政府工作报告要求，加强高新区和自主创新示范区建设，实施高新区创新能力提升计划，建设南宁、柳州、桂林和北海自主创新示范区，做好国家自主创新示范区申报工作。随后广西壮族自治区科技厅启动南柳桂北国家自主创新示范区申报各项工作，并于2017年下半年起开始按程序申报争创南柳桂北国家自主创新示范区[①]。

截至2017年底，广西壮族自治区人民政府先后批复同意柳州、桂林、南宁、北海市建设自治区级自主创新示范区。南宁自主创新示范区以南宁高新区为核心，目标是建成中国与东盟开展创新合作及提升区域影响力的战略枢纽区，打造东南亚乃至国际一流的、具有国际影响力的自主创新示范区。柳州以柳州高新区、河西高新区为核心，构筑产业转型升级示范区、开放创新引领区、创新创业集聚区、科技体制改革先行区、战略性新兴产业发展加速先导区和具有区域影响力的创新中心。桂林以桂林高新区、桂林经开区为依托，力争建成桂林国际旅游胜地建设的重要引擎、广西大学生创新创业示范区、广西高新技术产业基地、国家小型微型企业创新示范基地和连接中南、西南、华东技术转移的新高地。北海自主创新示范区以北海高新区为依托，构建广西体制改革的先行区、开放创新的引领区、高新技术产业示范区、创新创业集聚区和广西具有区域影响力的创新中心[②]。

三、国家自主创新示范区创建阶段

2017年10月，《广西壮族自治区高新技术产业开发区创新能力提升计划》（计划实施期限为2017~2020年）印发（桂科高字〔2017〕259号），“以南宁、柳州、桂林、北海国家高新区为依托，建设自治区级自主创新示范区，争创国家自主创新示范区”列入重点任务。2017年11月，广西高新区创新能力提升计划暨自主创新示范区建设新闻发布会在南宁举行，争创国家自主创新示范区列入广西高新区创新能力提升计划重点任务的范畴。

2018年11月，《广西科技创新支撑产业高质量发展三年行动方案（2018—2020年）》（桂政发〔2018〕51号）印发实施，要求“依托南宁、柳州、桂林、北海4个国家级高新区，启动申报创建南柳桂北国家自主创新示范区。”2019年1月广西壮族自治区第十三届人民代表大会第二次会议政府工作报告明确2019年

① 宋建元，王频．绘就科技创新事业的美丽画卷——全区创新驱动发展大会召开一周年来成绩盘点［N］．广西日报，2017-09-22（5）．

② 李新雄．广西4市获批建设自主创新示范区［N］．广西日报，2017-12-15（7）．

要创建"南柳桂北"国家自主创新示范区，由自治区科技厅牵头落实。

第二节　广西自主创新示范区建设的总体发展状况

一、广西自主创新示范区建设的主要政策节点

自2010年《中共广西壮族自治区委员会关于制定国民经济和社会发展第十二个五年规划的建议》首次提出"支持自主创新示范区建设"以来，广西自主创新示范区建设经历了近10年的持续过程，为增强广西自主创新能力、深入实施创新驱动发展战略，提供了强有力的支撑，成为创新发展的重要抓手。

在近10年的建设过程中，以南宁、柳州、桂林、北海的国家高新区为依托，广西对创建自主创新示范区进行了持续的政策支持，推动了广西自主创新示范区建设工作，其主要政策节点如表2－1所示。

表2－1　广西自主创新示范区建设的主要政策节点

时间	主要内容	相关文件
2010年11月	支持创新型城市和自主创新示范区建设	中共广西壮族自治区委员会关于制定国民经济和社会发展第十二个五年规划的建议
2011年1月	推进南宁、桂林、柳州高新技术产业开发区向创新型特色园区发展	广西壮族自治区国民经济和社会发展第十二个五年规划纲要
2011年8月	加快推进南宁市国家创新型试点城市建设，选择柳州、桂林等创新基础条件好的城市建设若干自治区级创新型城市	广西壮族自治区科学技术发展"十二五"规划
2012年7月	力争到2015年，南宁、柳州、桂林高新区建成国家创新型特色园区	广西壮族自治区人民政府关于加快高新技术产业开发区发展的若干意见
2012年8月	积极探索人才激励、知识产权、科技金融、成果转化等方面的新模式、新机制，推动激励自主创新政策的先行先试，加快建立自主创新示范区	中共广西壮族自治区委员会广西壮族自治区人民政府关于提高自主创新能力建设创新型广西的若干意见

续表

时间	主要内容	相关文件
2013 年 2 月	同意启动桂林、南宁国家高新区开展创新型特色园区建设工作	科技部关于同意株洲等 5 家国家高新技术产业开发区创新型特色园区建设方案的批复
2015 年 1 月	建设柳州、桂林自治区级自主创新示范区	广西壮族自治区 2015 年政府工作报告
2015 年 3 月	同意启动柳州国家高新区开展创新型特色园区建设工作	科技部关于同意安阳等 4 家国家高新技术产业开发区创新型特色园区建设方案的批复
2016 年 2 月	建设南（宁）柳（州）桂（林）国家自主创新示范区	广西壮族自治区国民经济和社会发展第十三个五年规划纲要
2016 年 9 月	重点以南宁、柳州、桂林、北海等国家高新区为依托，创建南（宁）柳（州）桂（林）北（海）自主创新示范区	广西科技创新“十三五”规划
2016 年 9 月	依托国家级高新区积极争创国家自主创新示范区，支持其在体制改革、人才激励、知识产权、科技金融、成果转化、土地管理、创新评价等方面先试先行，争取在重要领域和关键环节取得新突破，发挥示范带动作用	中共广西壮族自治区委员会广西壮族自治区人民政府关于实施创新驱动发展战略的决定
2017 年 1 月	加强高新区和自主创新示范区建设，实施高新区创新能力提升计划，建设南宁、柳州、桂林和北海自主创新示范区，做好国家自主创新示范区申报工作	广西壮族自治区 2017 年政府工作报告
2017 年 4 月	把桂林自治区自主创新示范区打造成为桂林国际旅游胜地建设的重要引擎、广西大学生创新创业生态示范区、以自主创新成果为支撑的广西高新技术产业基地、国家小型微型企业创业示范基地、连接中南、西南、华东面向东盟技术转移的新高地	桂林自治区自主创新示范区建设总体方案
2017 年 10 月	以南宁、柳州、桂林、北海国家高新区为依托，建设自治区级自主创新示范区，争创国家自主创新示范区	广西壮族自治区高新技术产业开发区创新能力提升计划
2018 年 1 月	把北海建设成为科技体制改革的先行区、开放创新的引领区、高新产业的示范区和创新创业的集聚区，成为广西自主创新示范区和具有区域影响力的创新中心	北海自治区级自主创新示范区总体建设方案

续表

时间	主要内容	相关文件
2018 年 5 月	把柳州自主创新示范区建设成为产业转型升级示范区、开放创新引领区、创新创业集聚区、科技体制改革先行区和战略性新兴产业发展加速的先导区，成为广西自主创新示范区和具有区域影响力的创新中心	柳州自主创新示范区建设实施方案
2018 年 11 月	依托南宁、柳州、桂林、北海 4 个国家级高新区，启动申报创建南柳桂北国家自主创新示范区	广西科技创新支撑产业高质量发展三年行动方案（2018 ~ 2020 年）
2019 年 1 月	创建“南柳桂北”国家自主创新示范区	广西壮族自治区 2019 年政府工作报告

注：部分自治区级自主创新示范区总体建设方案具体内容详见附录六。

二、广西自主创新示范区主要经济指标增长情况

截至 2018 年底，广西共有 13 个高新技术产业开发区，其中南宁、柳州、桂林、北海 4 个为国家级高新区，梧州、钦州、来宾、柳州河西、贺州、百色、玉林、防城港、贵港高新区 9 个为自治区级高新区。2017 年，广西 10 个高新区（玉林、防城港、贵港高新区未纳入统计）完成工业增加值 2042. 32 亿元，完成营业总收入 8280. 81 亿元。4 个国家级高新区工业增加值占所在市工业增加值的比重均超过 28%，区域发展新动能显著增强。2018 年 1 ~ 11 月，除贵港高新区外的 12 个高新区完成工业总产值 6400 亿元，工业增加值 1656. 79 亿元，实交税金总额 300. 71 亿元；拥有高新技术企业 811 家，规模以上工业企业 76 家，收入超亿元企业 626 家，上市公司 76 家①。

选取广西首次提出建设自主创新示范区的 2010 年以来的代表性年份进行比较，南宁、柳州、桂林、北海 4 个自治区级自主创新示范区的国家高新区主要经济指标均持续增长（见表 2 - 2）。

① 宋建元，李新雄，罗文彬．创新撬动活力广西——2018 年全区科技创新工作亮点回眸［N］．广西日报，2019 - 01 - 23（4）．

表 2－2　代表性年份广西国家高新区企业主要经济指标一览

主要服务指标	2010 年	2011 年	2015 年	2017 年
国家高新区数量（个）	2	3	4	4
工商注册企业数（个）	—	—	34375	42638
入统企业数（个）	980	1094	1364	1723
高新技术企业数（个）	—	—	491	825
年末从业人员（万人）	18.18	26.43	39.48	48.72
营业收入（亿元）	1069.51	2466.30	5061.91	6473.23
工业总产值（亿元）	976.77	2293.70	4605.38	5285.97
净利润（亿元）	75.50	137.97	328.44	388.65
上缴税费（亿元）	62.03	134.92	227.87	270.52
出口总额（亿元）	95.46	149.23	327.35	451.64

注：①数据来源：《中国火炬统计年鉴》，经济指标数据均为当年价；

②除 2017 年外，其他各年的出口总额均由出口创汇按当年人民币对美元平均汇率折算而来。

广西批复同意建设自治区级自主创新示范区的 4 个国家高新区，其企业在营业收入、工业总产值、利税、出口总额等主要方面的经济指标，相对于“十一五”时期末的 2010 年，2017 年上述指标分别增加了 4.1 倍、3.4 倍、2.8 倍、2.7 倍（见图2－1）。

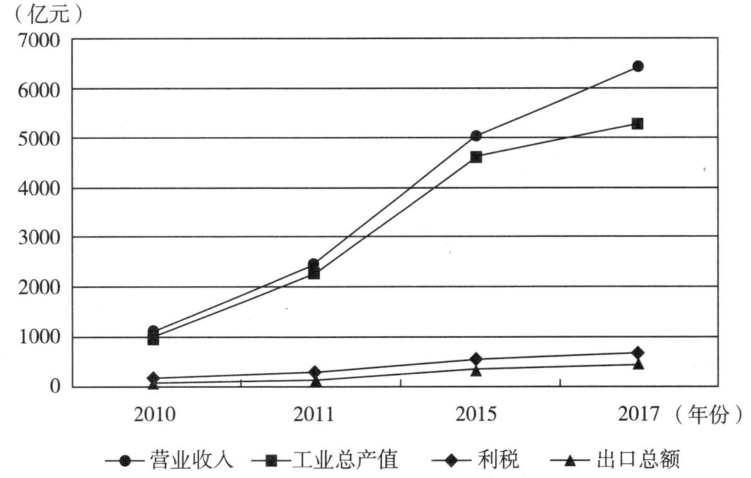

图 2－1　代表性年份广西国家高新区企业主要经济指标增长趋势线

第三节　典型案例：桂林自治区级自主创新示范区

一、桂林国家高新区的建设和发展

桂林高新区建设启动早、起点高。1988 年 3 月“北京市新技术产业开发试验区”成立，1988 年 5 月国务院正式批准在中关村建立了我国首个国家级高新技术开发产业区。这一年，桂林高新区成立。1991 年 3 月《国务院关于批准国家高新技术产业开发区和有关政策规定的通知》（国发〔1991〕12 号）确定武汉、南京、沈阳、天津、西安、成都、威海、中山、长春、哈尔滨、长沙、福州、广州、合肥、重庆、杭州、桂林、郑州、兰州、石家庄、济南、上海、大连、深圳、厦门、海口等大中城市和沿海地区的 26 个高新技术产业开发区为国家高新技术产业开发区。桂林高新区作为全国首批国家高新区之一，是广西第一个国家级高新区，也是全国五个少数民族自治区中的第一个国家级高新区。

桂林国家高新区位于桂林漓江东岸，区域总面积 121 平方公里，管辖七星、东江、漓东、穿山 4 个街道和朝阳乡、桂林华侨旅游经济区，有七星老城、漓东科技新城、华侨旅游新城和花江生态城四大板块，已成为桂林市重要的经济增长点和对外开放的窗口，是桂林现代工业发展的“领头羊”。

自“七五”末设立以来，桂林高新区主要经济指标明显增长，高新区建设取得了显著的成效（见表 2－3，其中 2001 年多个数据缺失），各项指标均呈现明显的增长趋势。从入驻的企业数量来看，由 1990 年的 21 个增加到 2017 年的 517 个（见图 2－2），相应地，从业人数也由 0.15 万人增加到 13 万多人（见图 2－3）。从企业营业收入来看，由“七五”末期的不足 1 亿元，增长到“十三五”初期的近 1000 亿元（见图 2－4），桂林国家高新区在桂林市经济社会发展中的作用得到了显著增强。

表 2 - 3　桂林国家高新区主要经济指标一览　　单位：亿元

年份	企业数（个）	从业人员（万人）	营业收入	技术收入	销售收入	总产值	净利润	实缴税费	出口额
1990	21	0.15	0.77	0.14	0.27	—	0.035	0.016	0.005
1991	43	0.24	14.16	0.61	11.12	—	0.70	0.31	0.10
1992	49	0.26	19.00	1.09	16.62	—	1.09	0.49	0.15
1993	49	0.54	3.36	0.08	3.18	—	0.26	0.13	0.01
1994	68	0.83	4.97	0.02	4.10	—	0.26	0.24	0.04
1995	151	2.61	7.29	0.52	32.85	7.20	5.02	2.94	2.30
1996	96	1.33	12.97	0.01	11.14	—	0.26	0.50	2.23
1997	153	1.69	23.11	0.14	20.00	—	1.38	1.71	2.12
1998	163	2.08	30.06	0.14	29.42	—	1.38	2.04	1.89
1999	155	2.27	40.01	0.36	39.62	—	1.32	2.16	2.39
2000	177	2.89	60.54	0.52	53.58	58.60	2.84	4.60	6.20
2001	—	—	70.20	—	—	76.00	—	—	—
2002	214	3.97	84.07	0.69	82.31	86.93	3.26	4.95	7.07
2003	230	5.16	108.01	0.48	102.60	105.43	4.57	7.51	6.76
2004	230	5.87	131.55	0.41	125.47	130.51	7.33	8.51	12.39
2005	233	5.93	165.01	0.34	154.06	163.50	8.45	12.91	15.32
2006	247	6.55	220.00	0.30	208.12	220.38	11.70	15.28	22.92
2007	252	7.20	278.81	1.05	259.50	280.34	20.69	19.97	30.46
2008	261	6.93	315.39	0.88	298.37	340.02	17.72	20.80	36.95
2009	277	7.43	322.01	1.32	316.59	375.05	20.69	21.69	37.07
2010	296	7.09	389.45	1.83	381.53	430.10	22.24	26.05	39.79
2011	303	7.32	461.65	2.97	448.64	510.08	26.03	28.02	40.78
2012	337	8.46	575.99	2.82	469.53	596.22	41.61	29.10	38.21
2013	314	8.79	696.07	83.09	597.05	707.67	67.72	37.71	30.04
2014	341	7.93	743.42	65.70	655.00	771.49	55.39	38.53	59.65
2015	360	8.50	816.86	61.40	738.29	857.38	68.27	39.40	46.00
2016	470	13.39	940.39	64.34	828.95	1002.49	73.70	41.24	39.46
2017	517	13.33	875.11	66.42	691.00	843.54	53.12	53.54	52.80

注：①资料来源：《中国科技统计年鉴》，经济指标数据均为当年价；出口额以美元为单位的，按当年人民币兑美元平均汇率进行了折算；

②部分数据根据《广西科技年鉴》补充、修正（表中阴影单元格）。

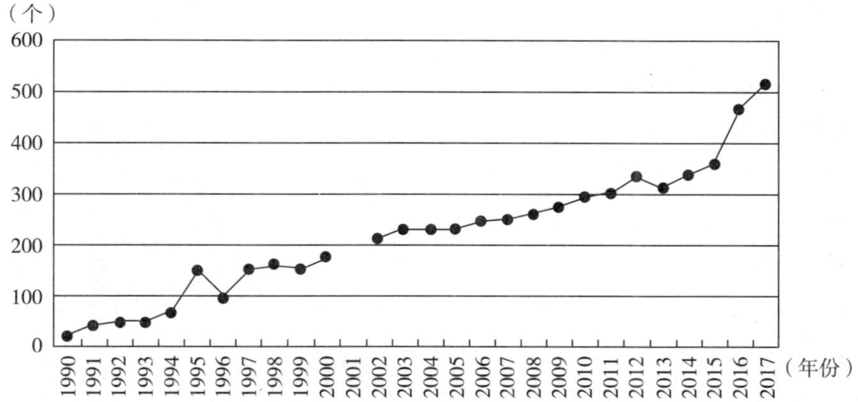

图 2－2　桂林国家高新区企业数量增加情况

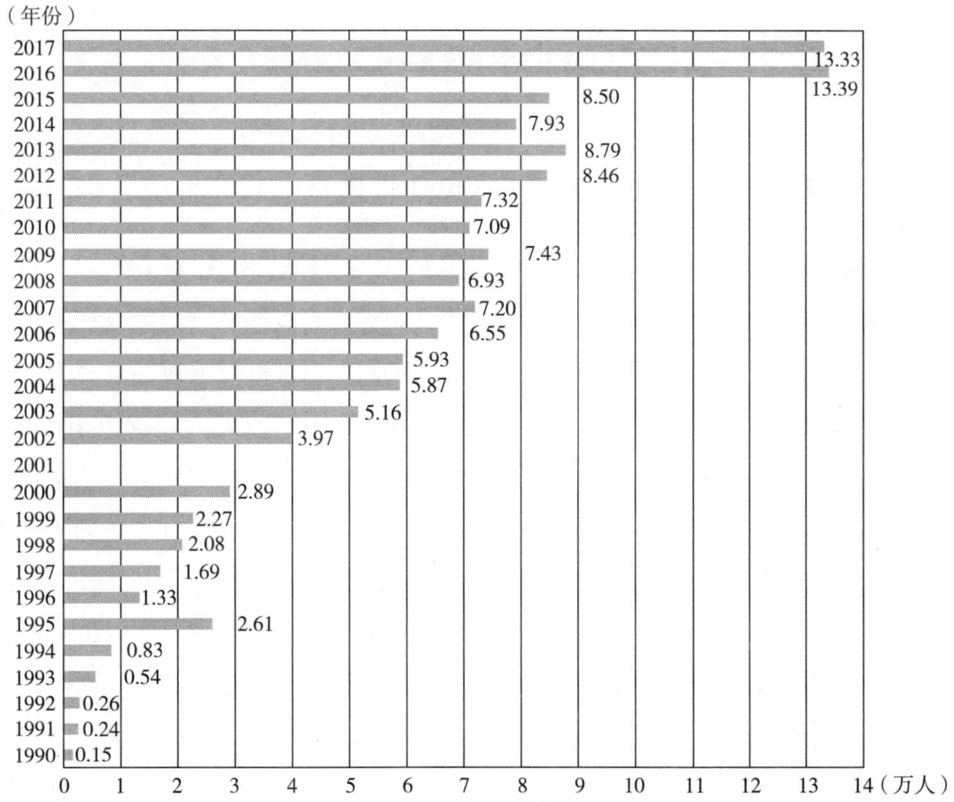

图 2－3　桂林国家高新区从业人员增加情况

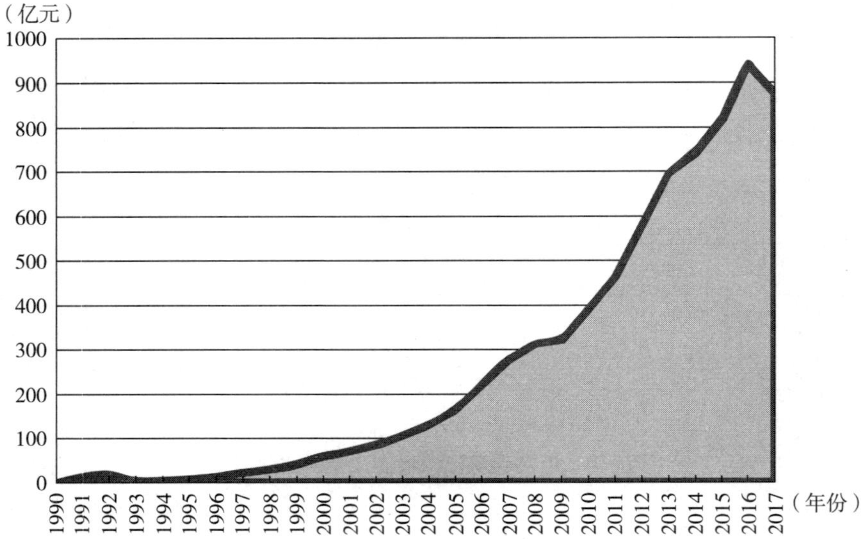

图 2－4　桂林国家高新区营业收入增加情况

二、桂林自治区级自主创新示范区建设进程

2015 年 2 月桂林市“两会”期间，桂林高校和科研院所相对集中力量实施创新驱动发展战略的优势得到了广泛认同，大力推进建设桂林自治区级自主创新示范区成为共识。桂林市第四届人民代表大会第六次会议审议通过的桂林市人民政府工作报告，“建设桂林自治区级自主创新示范区”被列入 2015 年工作计划。桂林市人民政府也明确安排一名副市长负责科技、教育、卫生和计生及自主创新示范区等方面的工作（市政〔2015〕13 号），首次在市政府领导分工中列入了自主创新示范区工作。2015 年 7 月，桂林市成立由市长任组长的“桂林自治区级自主创新示范区创建工作推进领导小组”（市政办〔2015〕75 号），以抢抓桂林创建自治区级自主创新示范区机遇，大力推进自主创新，加快桂林国家高新区转型升级和高新技术产业发展，推进桂林自治区级自主创新示范区创建、申报工作。2015 年 8 月底，《桂林自治区级自主创新示范区建设总体方案》经桂林市四届政府第 75 次常务会议审议并原则通过。

2015 年 11 月，根据《桂林自治区级自主创新示范区建设总体方案》要求，桂林市苏桥经济开发区管理委员会成立推进桂林自治区级自主创新示范区建设工作领导小组（苏管发〔2015〕25 号），桂林市苏桥经济开发区全面融入桂林自治区级自主创新示范区建设。2016 年 3 月，西城经济开发区与苏桥经济开发区合并更名，成立了桂林经济技术开发区，桂林经济技术开发区整体纳入桂林自治区级自主创新示范区建设。

2016 年 2 月，桂林市人民政府工作报告明确把“大力推进桂林自治区级自主创新示范区建设”列入 2016 年度重点工作内容，并把“创建国家级自主创新示范区”列入“十三五”重点任务的工作范围。《桂林市国民经济和社会发展第十三个五年规划纲要》把“自主创新示范区建设工程”列为科技创新重大工程，支撑国家级自主创新示范区的创建。而《桂林市经济体制改革“十三五”规划》把“建设桂林自治区级自主创新示范区”列为唯一的科技体制重点改革项目，计划制定出台桂林自治区级自主创新示范区建设总体方案。

2017 年 4 月，《桂林自治区自主创新示范区建设总体方案》正式印发实施（市政办〔2017〕22 号），明确以桂林国家高新区、桂林经开区作为主要建设载体，建设桂林自治区自主创新示范区，并采用滚动拓展的模式，逐步将各县区符合条件的经济开发区和工业集中区纳入示范区。目标定位是把桂林自治区自主创新示范区打造成为桂林国际旅游胜地建设的重要引擎、广西大学生创新创业生态示范区、以自主创新成果为支撑的广西高新技术产业基地、国家小型微型企业创业示范基地和连接中南、西南、华东面向东盟技术转移的新高地。

2018 年起，根据《广西科技创新支撑产业高质量发展三年行动方案（2018—2020 年）》和《广西壮族自治区人民政府关于印发 2019 年自治区〈政府工作报告〉重点工作部门分工方案的通知》（桂政发〔2019〕10 号）工作部署，在广西壮族自治区科技厅牵头落实下，桂林国家高新区积极推进桂林自治区级自主创新示范区建设，并加强与南宁、柳州、北海国家高新区的战略合作，协同创建南柳桂北国家自主创新示范区（市政办〔2019〕6 号）。

三、桂林自治区级自主创新示范区建设成效

桂林自治区自主创新示范区以桂林国家高新区、桂林经开区作为主要建设载体，并采用滚动拓展的模式，逐步将各县区符合条件的经济开发区和工业集中区

纳入示范区，全市其他符合条件的高新技术企业和科技型小微企业可参照享受示范区优惠政策。鉴于桂林自治区级自主创新示范区启动的时间还不长，有关建设和发展的效果主要局限于建设载体，所以其建设成效首先体现在桂林国家高新区、桂林经开区。

桂林国家高新区建设发展的主要情况如前所述，就桂林经开区来说，虽然成立仅有2年，但也取得了一系列建设成效。桂林经济技术开发区规划面积142.7平方公里，涉及2县（区）4镇（永福县苏桥镇、临桂区两江镇、四塘镇、临桂镇），含秧塘工业园（29.71平方公里）、苏桥工业园（67.14平方公里）、宝山工业园（39.89平方公里）以及临苏带（5.96平方公里）。桂林经开区作为桂林经济发展的新增长极，积极申报建设国家级经济技术开发区，与桂林国家高新区一起构建桂林市工业“两翼齐飞、双轮驱动”新格局，为重振桂林工业雄风、推进现代工业加快发展、加快桂林国际旅游胜地建设、实现经济高质量发展，提供坚实支撑。2018年2月，作为22家绿色园区之一，入选国家第二批绿色制造名单，为我国加快构建绿色制造体系做出了示范（工信厅节函〔2018〕60号）。2018年1～9月，桂林经开区完成规模以上工业产值136.6亿元，同比增长15.5%，增幅高于全市5.4个百分点；截至2018年9月底，桂林经开区共有工商注册企业3630家，较桂林经开区成立前增加1863家，增长105.4%；初步形成四大主导产业集聚区：以华为、深科技等为龙头的电子信息业，以比亚迪等为龙头的先进装备制造业，以桂林三金等为龙头的生物医药产业，以典林食品等为龙头的生态食品产业等①。

以自治区科技厅批复桂林经开区为桂林自治区自主创新示范区主要载体为契机，桂林经开区积极打造科研平台和中心，在福达创新园积极建设高校联合创新区。桂林经开区孵化器2018年通过广西壮族自治区备案众创空间及科技企业孵化器认定；共建的广西首家民营网上技术交易平台——桂林科技成果交易平台，构建起了以技术转移为主轴的科技创新全流程服务体系；出台了《桂林经开区科技成果转化奖励暂行办法》，大力推进科技成果转化②。

---

① 徐莹波．桂林经开区前三季度规模工业产值超额完成全年目标任务［N］．桂林日报，2018－11－01（002）．

② 孙敏，施凤莲．桂林科技成果交易平台运营良好［N］．桂林日报，2018－02－24（001）．

从整体方面来看，由于自主创新示范区既依托一定的城市，又对城市创新发展具有极强的推动作用，因此其建设的实际效果往往不仅限于自主创新示范区区划范围本身。尤其是对于桂林自治区自主创新示范区而言，桂林国家高新区作为核心区、桂林经开区作为主要建设载体，以及其滚动拓展的模式，其建设成效在全市都有所体现。根据《桂林自治区自主创新示范区建设总体方案》确定的具体目标，桂林自治区自主创新示范区建设取得了一系列建设成效（见表2-4）。

表2-4　桂林自治区自主创新示范区建设成效一览

序号	建设内容	取得成效
1	机制体制创新	发布了《桂林市科技创新支撑产业高质量发展实施方案（2019—2021年）》（市政办〔2019〕6号）、《桂林市促进全社会加大研发经费投入的实施方案》（市政办〔2019〕3号）、《桂林市加快数字经济发展若干措施》（市政规〔2018〕32号）、《桂林市专利资助和奖励办法》（市政规〔2018〕27号）、《桂林市促进市属三大园区发展实施办法》（市政办〔2018〕47号）、《桂林市促进科技创新发展实施办法》（市政〔2017〕10号）、《桂林市高层次人才引进和培养暂行办法》（市办发〔2017〕6号）、《桂林国家高新区关于促进科技创新发展的政策措施（试行）》（新星政规〔2018〕6号）、《桂林国家高新区高层次人才引进和培养实施办法（试行）》（新发〔2018〕2号）、《桂林国家高新区支持民营企业人才引进若干措施（试行）》（新发〔2018〕3号）、《桂林国家高新区关于促进小微企业发展的若干措施（试行）》（新星政规〔2018〕4号）、《关于加快桂林国家高新区新型工业发展的实施办法（试行）》（新星政规〔2018〕3号）、《高新区七星区“四上”企业统计补助办法》（新星政发〔2017〕1号）、《桂林经济技术开发区鼓励总部企业发展暂行办法》（经管发〔2018〕26号）、《桂林经济技术开发区标准厂房租赁优惠政策》（经管规〔2018〕1号、经管发〔2017〕57号）、《桂林经济技术开发区项目审批“容缺预审”实施办法》（经管发〔2017〕50号）
2	高新技术产业竞争力	进入“国家高新区瞪羚企业榜单”企业11家，进入广西壮族自治区“瞪羚企业”名单17家；高新技术企业认定通过企业195家，2018年高新技术企业保有数236家。新增5家国家级知识产权优势企业，总数达14家；新增4家自治区级知识产权优势企业，总数达39家

续表

序号	建设内容	取得成效
3	创新创业人才	新增国家百千万人才工程人选1人，广西院士后备培养工程第二批人选2人，入选第一批广西高层次人才90人（其中B类人才9人，C类人才20人）
4	科技研发和成果转化	新增国家绿色园区1家、国家备案众创空间3家、国家小型微型企业创业创新示范基地1家
5	科技支撑引领经济社会发展的能力	单位GDP能耗连续下降，市区万元GDP能耗已接近0.4吨标准煤，高新区万元GDP能耗已低于0.4吨标准煤
6	科技投入强度	最近三年先后争取国家、自治区科技计划项目立项2311项，获科技资金补助约14.72亿元。其中55项获得自治区科技重大专项立项，资助资金超过5亿元，项目和资金数量位居广西第二。2017年，桂林市拥有规模以上工业企业有R&D活动的规上工业企业共82家，比上年增加了2家，增长2.5%；R&D项目512项，比上年增加2项，增长0.4%
7	区域创新创业环境	共有3家平台入选广西第二批重大科技创新基地。7家平台获批组建广西工程技术研究中心，全市总数达到了54家。新增自治区级孵化器1家、自治区级众创空间2家，总数分别达到4家和11家
8	智慧旅游科技创新	桂林城市旅游服务中心揭牌启用，“一部手机游桂林”平台上线运营
9	面向东盟技术转移	2018中国—东盟可持续发展创新合作国际论坛暨中国（桂林）国际健康旅游高端论坛举办；国家软件与集成电路公共服务平台（CSIP）广西分中心成立，全力打造中国和东盟一流的信息化科研基地；在中国—东盟技术转移中心的促成下，桂林南药联合印度、法国、瑞士、泰国等国合作建设“抗疟药国际合作技术创新平台”

注：①主要列举2017年之后取得的建设成果；

②机制体制创新方面仅列举桂林市、桂林国家高新区、桂林经开区发布的新政策；

③“国家高新区瞪羚企业榜单”由科学技术部火炬高技术产业开发中心和长城战略咨询共同发布。

第三章　南柳桂北国家自主创新示范区协同发展战略分析

第一节　南柳桂北国家自主创新示范区建设基础与面临形势

一、南柳桂北四市具有较好的发展基础

《广西壮族自治区高新技术产业开发区创新能力提升计划》（桂科高字〔2017〕259号）提出，以南宁、柳州、桂林、北海国家高新区为依托，争创国家自主创新示范区。《广西壮族自治区人民政府关于印发2019年自治区〈政府工作报告〉重点工作部门分工方案的通知》（桂政发〔2019〕10号）要求，由自治区科技厅牵头落实创建“南柳桂北”国家自主创新示范区。

南柳桂北国家自主创新示范区，涵盖广西壮族自治区总体发展水平最高的南宁、柳州、桂林、北海4个城市，所依托的南宁、柳州、桂林、北海国家高新区是广西已有的全部4个国家级高新区和自治区级自主创新示范区。因此，广西创建南柳桂北国家自主创新示范区，具备了较好的发展基础。

（一）城市经济基础

根据《广西统计年鉴2018》数据，2017年，南宁、柳州、桂林、北海4个城市，地区生产总值为10149.49亿元，约占广西总产值的一半，已经具备了万

亿级 GDP 总量；人均地区生产总值达到 5.48 万元，约为广西人均量的 1.5 倍，人均 GDP 超过人民币 5 万元和 8000 美元，社会经济发展进入了服务业全面跃升和消费升级的重要阶段；从其他主要经济指标来看，4 市行政区域土地面积和户籍年末总人口不到广西的 1/3，仅有进出口总额低于 30%（见表 3－1）。南柳桂北 4 市进出口总额占比较低的原因是，根据我国海关系统进出口经营单位在地原则，具有国家级保税区和边贸便利条件的钦州、防城港、崇左 3 市聚集了主要的进出口经营单位（其中崇左市占广西进出口总额的 34.6%）。

表 3－1　2017 年示范区 4 市主要经济指标

指标	南宁市	柳州市	桂林市	北海市	示范区城市合计	示范区城市占全区比例（%）
行政区域土地面积（万平方公里）	2.21	1.86	2.77	0.40	7.24	30.4
户籍年末总人口（万人）	756.87	386.60	534.08	175.42	1852.97	33.1
地区生产总值（亿元）	4118.83	2755.64	2045.18	1229.84	10149.49	49.4
第一产业	404.18	189.49	381.83	190.54	1166.04	40.2
第二产业	1599.50	1487.08	791.94	668.66	4547.18	48.1
工业	1189.89	1345.13	609.71	612.00	3756.73	48.2
第三产业	2115.15	1079.07	871.41	370.64	4436.27	54.3
三产结构	9.8 : 38.8 : 51.4	6.9 : 54.0 : 39.2	18.7 : 38.7 : 42.6	15.5 : 54.4 : 30.1	11.5 : 44.8 : 43.7	14.1 : 46.1 : 39.8（注①）
人均地区生产总值（万元）	5.79	6.92	4.06	7.44	5.48（注②）	1.49（注③）
固定资产投资（亿元）	4307.75	2697.20	2234.24	1099.68	10338.87	51.9
公共财政预算收入（亿元）	332.15	179.79	144.16	64.34	720.44	56.6
工业总产值（规模以上，亿元）	3713.07	5031.33	1729.06	2500.87	12974.33	49.3
社会消费品零售总额（亿元）	2204.16	1155.64	928.12	250.13	4538.05	58.1
进出口总额（亿元）	607.09	172.24	70.01	230.84	1080.18	27.9
实际外商直接投资（亿美元）	9.58	6.79	0.42	0.84	17.63	64.4

注：①该比例为广西全区三产结构比例；

②该数据为示范区人均数，非示范区 4 市人均 GDP 的合计数；

③该数据表明示范区 4 市人均 GDP 是广西人均 GDP 的 1.49 倍。

（二）产业发展基础

从示范区的产业支撑来看，第二、第三产业4市分别占广西全区的48%、54%（见表3－1），占据半壁江山。从最具活力的工业发展的各项数据来看，仅有轻工业和中型企业总产值这两项指标低于45%，部分指标超过50%（见表3－2）。

表3－2 2017年示范区4市工业发展主要指标

指标	南宁市	柳州市	桂林市	北海市	示范区城市合计	示范区城市占全区比例（%）
规模以上工业企业单位数（个）	946	835	646	212	2639	46.3
工业总产值（规模以上，亿元）	3713.1	5031.3	1729.1	2500.9	12974.3	49.3
轻工业	1495.6	492.7	699.9	243.3	2931.5	41.8
重工业	2217.5	4538.7	1029.1	2257.6	10042.8	52.0
大型企业	782.1	2724.2	397.8	984.6	4888.6	56.1
中型企业	1193.6	1018.2	529.2	1099.5	3840.5	44.5
小微型企业	1737.4	1289.0	802.1	416.8	4245.2	47.2
内资企业	2996.8	3650.6	1654.3	1937.4	10239.0	47.4
港澳台企业	572.8	184.3	19.2	470.5	1246.8	66.7
外资企业	143.5	1196.5	55.5	93.0	1488.5	52.2
工业企业主营业务收入（亿元）	3477.5	4592.4	1579.4	2396.5	12045.9	50.7
工业企业利润总额（亿元）	208.6	186.3	96.2	253.3	744.4	45.0

（三）科教资源基础

示范区南宁、柳州、桂林、北海4市拥有广西最优科教资源，为创建南柳桂北国家自主创新示范区提供了有力的智力支撑。仅从教育资源来看，示范区4市在学前教育及普通中小学教育处于全区平均水平，但在与产业发展和自主创新能力紧密相关的普通高等教育及中等职业教育方面，具有明显的优势（见表3－3）。

表 3－3　2017 年示范区 4 市教育资源情况

指标	南宁市	柳州市	桂林市	北海市	示范区城市合计	示范区城市占全区比例（%）
幼儿园数（所）	1693	802	944	327	3766	31.8
在园儿童数（万人）	32.01	13.73	17.17	7.91	70.82	34.4
小学学校数（所）	1168	339	559	326	2392	24.6
小学专任教师数（人）	35362	16830	21624	7640	81456	33.2
小学在校学生数（万人）	64.68	30.37	37.92	16.13	149.1	32.1
中学学校数（所）	358	153	214	92	817	37.5
中学专任教师数（人）	26941	13402	19472	7656	67471	35.0
中学在校学生数（万人）	40.87	20.34	23.12	11.04	95.37	33.2
中职学校数（所）(注)	70	27	30	7	134	50.4
中职专任教师数（人）	9169	2852	1725	813	14559	60.2
中职在校学生数（万人）	295749	66657	38051	28300	428757	59.8
高校数（所）	33	6	13	4	56	71.8
高校专任教师数（人）	20651	4235	9135	2089	36110	78.4
高校招生数（万人）	13.99	1.12	5.82	0.55	21.48	73.5
高校在校学生数（万人）	42.67	8.22	19.22	3.4	73.51	77.9
高校毕业生数（万人）	10.86	0.71	4.67	0.53	16.77	77.3

注：中等职业学校数据来自《中国城市统计年鉴 2017》，为 2016 年数。

从创新要素聚集、政策体系完善等自主创新其他方面来看，南宁、柳州、桂林、北海 4 市通过自治区级自主创新示范区建设的推动，在这些与自主创新示范区建设的主要内容方面，在广西具有更明显的优势，应该说，也已经打下了坚实的基础。本书后文将专门对此进行论述，在此不再赘述。

二、广西建设国家自主创新示范区的形势分析

（一）广西高新区布局情况

2018 年 10 月，广西壮族自治区人民政府批复同意设立自治区级贵港高新技术产业开发区（桂政函〔2018〕161 号），至此，广西已有国家高新区 4 个，自治区级高新区 9 个，分布在全区 13 个地级市，仅有河池尚未设立自治区级以上高新技术产业开发区（见表 3－4）。

表3-4　2018年广西高新区一览

序号	名称	高新区级别	认定年份
1	桂林国家高新技术产业开发区	国家级，创新型特色园区	1991
2	南宁国家高新技术产业开发区	国家级，创新型特色园区	1992
3	柳州国家高新技术产业开发区	国家级，创新型特色园区	2010
4	北海高新技术产业开发区	国家级	2015
5	钦州高新技术产业开发区	自治区级	2012
6	梧州高新技术产业开发区	自治区级	2012
7	来宾高新技术产业开发区	自治区级	2015
8	柳州河西高新技术产业开发区	自治区级	2015
9	贺州高新技术产业开发区	自治区级	2016
10	百色高新技术产业开发区	自治区级	2016
11	玉林高新技术产业开发区	自治区级	2017
12	防城港高新技术产业开发区	自治区级	2017
13	贵港高新技术产业开发区	自治区级	2018

（二）全国国家高新区已纳入国家自主创新示范区情况

截至2018年底，全国20个国家自主创新示范区，共依托55个国家高新区建设（见表3-5）。根据国家高新区“三类园区”：世界一流高科技园区、创新型科技园区、创新型特色园区（含国家农业高新技术产业示范区）的分布情况，可以发现，国家自主创新示范区所依托的国家高新区分以下三种情况。

表3-5　已纳入国家自主创新示范区建设的国家高新区一览

区域	省级行政区	国家自主创新示范区数（个）	涉及国家高新区	国家高新区数（个）
东部	北京	1	中关村	1
	上海	1	上海张江、紫竹	2
	江苏	1	南京、苏州、无锡、常州、昆山、江阴、武进、镇江和苏州工业园	9
	天津	1	天津滨海	1
	浙江	2	杭州、萧山临江、宁波、温州	4
	广东	2	深圳、广州、中山火炬、东莞松山湖、佛山、惠州、珠海、肇庆、江门	9

续表

区域	省级行政区	国家自主创新示范区数（个）	涉及国家高新区	国家高新区数（个）
东部	山东	1	济南、青岛、淄博、潍坊、烟台、威海	6
	福建	1	福州、厦门、泉州	3
中部	湖北	1	武汉东湖	1
	湖南	1	长沙、株洲、湘潭	3
	河南	1	郑州、洛阳、新乡	3
	安徽	1	合肥、芜湖、蚌埠	3
西部	四川	1	成都	1
	陕西	1	西安	1
	重庆	1	重庆	1
	甘肃	1	兰州、白银	2
	新疆	1	乌鲁木齐、昌吉、石河子	3
东北	辽宁	1	沈阳、大连	2
合计		20		55

注：国家高新区和国家自主创新示范区详细情况见附录七。

第一，10 个“世界一流高科技园区”均已建设国家自主创新示范区，其中北京中关村、深圳、武汉东湖、西安、成都 5 个“世界一流高科技园区”以单个高新区为核心建设国家自主创新示范区。此外，上海张江国家自主创新示范区在批复同意建设时也是以单个高新区为核心建设国家自主创新示范区，发展过程中把升级为国家高新区的上海紫竹高新区也纳入建设；而杭州国家自主创新示范区虽然批复同意建设时已把萧山临江国家高新区纳入建设，但它和上海张江国家自主创新示范区一样，属于在单个城市建设发展。而广州、苏州、合肥 3 个“世界一流高科技园区”均为带领多个高新区在一个城市群建设国家自主创新示范区。

第二，除了位于西部的重庆国家自主创新示范区，兰州白银国家自主创新示范区，乌鲁木齐、昌吉、石河子国家自主创新示范区，以及位于东北的沈大国家自主创新示范区外，其他 16 个国家自主创新示范区均由获得创新型科技园区以上称号的国家高新区创建，且仅有同属西部的重庆国家自主创新示范区、兰州白银国家自主创新示范区依托的国家高新区没有任何国家高新区“三类园区”类型。

第三，全国18个创新型科技园区国家高新区，仅有西部的宝鸡、东北的大庆和长春3个国家高新区未纳入国家自主创新示范区建设。全国24个创新型特色园区国家高新区（含国家农业高新技术产业示范区），尚有13个国家高新区未纳入国家自主创新示范区建设（东部、中部、西部均有分布）。

（三）南柳桂北与西部现有国家自主创新示范区比较

在已有国家自主创新示范区的西部3省、1直辖市、1自治区中，成都、西安副省级城市及西部科教中心，并分布拥有西部仅有的两个“世界一流高科技园区”；重庆市是直辖市，具有较强的政策牵引力。而兰州白银国家自主创新示范区积极探索欠发达地区通过科技创新实现跨越发展新路径的发展定位，和乌鲁木齐、昌吉、石河子国家自主创新示范区建设面向中西亚合作创新，打造“丝绸之路经济带”创新创业新高地的建设目标，均很好地体现了其自身特点和优势，最终得到了国务院的审批同意。

从西部国家自主创新示范区来看，在建的南柳桂北国家自主创新示范区与西部现有5个国家自主创新示范区主要经济指标相比，排序均在前三；9个主要经济指标与5个国家自主创新示范区的平均数中，有6个指标较高（见表3－6）。因此，南柳桂北国家自主创新示范区已经不低于西部现有国家自主创新示范区的一般水平。

表3－6 2017年南柳桂北与西部国家自主创新示范区主要经济指标比较

自主创新示范区	南柳桂北	成都	西安	重庆	兰白	乌昌石	所在位次	与平均数的差距
工商注册企业数（个）	42638	114793	52037	39180	7240	19961	3	－4004
入统企业数（个）	1723	1914	3973	1209	767	696	3	+11
高新技术企业数（个）	825	1201	1156	552	221	209	3	+157.2
年末从业人员（万人）	48.7	38.5	45.1	22.2	20.9	21.2	1	+19.1
营业收入（亿元）	6473.2	5927.6	11229.7	3465.1	2786.7	4138.1	2	+963.8
工业总产值（亿元）	5286.0	4234.8	8124.3	2917.2	1569.8	1060.7	2	+1704.6

续表

自主创新示范区	南柳桂北	成都	西安	重庆	兰白	乌昌石	所在位次	与平均数的差距
净利润（亿元）	388.7	514.8	712.0	286.8	100.2	259.1	3	+14.1
上缴税费（亿元）	270.5	286.8	802.5	254.5	216.0	206.6	3	-82.8
出口总额（亿元）	451.6	1711.7	1498.2	317.2	41.4	20.7	3	-266.2

注：①本表国家自主创新示范区仅统计所依托的国家高新区数据，数据来源于《中国火炬统计年鉴2018》；

②所在位次是南柳桂北参与西部已有国家自主创新示范区的排序；

③与平均数的差距是南柳桂北与西部5个国家自主创新示范区平均数的差距，正号表示高于，负号表示低于。

（四）在建国家自主创新示范区比较

在尚无国家自主创新示范区的12个省、自治区中（港澳台除外），目前正在创建国家自主创新示范区的有包括广西在内的8个省、自治区，其中东部1省（河北）、中部1省（江西）、西部2省、2自治区（贵州、云南、广西、内蒙古）、东北2省（吉林、黑龙江）。

东部唯一尚无国家自主创新示范区的河北省，在《河北省科技创新三年行动计划（2018－2020年）》（冀政发〔2018〕6号）提出，以雄安新区为核心，积极争创雄安（石保廊）国家自主创新示范区。

中部的江西省在《江西省推进创新型省份建设行动方案（2018－2020年）》提出，以南昌国家高新区为核心，与新余、景德镇、鹰潭、抚州、赣州、吉安6个国家高新区一起，争创江西鄱阳湖国家自主创新示范区。

西部省、自治区中，内蒙古自治区在《〈呼包鄂榆城市群发展规划〉内蒙古实施方案》（内政发〔2018〕55号）提出，积极推进呼包鄂国家自主创新示范区创建工作。贵州省2019年政府工作报告提出申建贵遵安国家自主创新示范区，而云南省则提出推动昆玉楚曲国家高新区联合申报国家自主创新示范区。

东北地区的黑龙江《关于2017年全省经济体制改革重点工作的意见》（黑政发〔2017〕7号）明确要求，组织哈尔滨、大庆、齐齐哈尔3个国家级高新区申请创建哈大齐国家自主创新示范区。吉林省2018年政府工作报告提出推动长春国家自主创新示范区获批，2019 年政府工作报告继续提出积极争取长春国家自主创新示范区获批。

在建的 8 个国家自主创新示范区中，南柳桂北主要经济指标处于前三位序，除利税总额外，各项指标均远超平均水平（见表 3－7）。

表 3－7　2017 年在建国家自主创新示范区主要经济指标比较

序号	示范区名称	高新技术企业数(个)	营业收入(亿元)	利税总额(亿元)	出口总额(亿元)
1	广西南柳桂北	825	6473. 2	659. 2	451. 6
2	河北雄安(石保廊)	529	4373. 8	453. 9	121. 5
3	江西鄱阳湖	432	7011. 4	668. 5	487. 8
4	内蒙古呼包鄂	121	1916. 5	221. 0	31. 8
5	云南昆玉楚	209	2892. 4	621. 0	16. 9
6	贵州贵遵安	396	3319. 3	502. 6	81. 4
7	吉林长春	183	5970. 0	1440. 0	196. 4
8	黑龙江哈大齐	293	4447. 4	523. 6	175. 0
八区平均		374	4550. 5	636. 2	195. 3
南柳桂北排序		1	2	3	2
南柳桂北与平均数的差距		+451	+1922. 7	+22. 9	+256. 3

注：本表只含国家高新区数据统计，云南昆玉楚的楚雄国家高新区 2018 年获批，曲靖高新区尚未获批国家高新区，均未计入数据；贵州贵遵安的遵义高新区尚未获批为国家高新区，也未计入数据。

综上所述，南柳桂北国家自主创新示范区的发展水平已经达到了西部先进水平，在目前处于创建阶段的国家自主创新示范区中也具有一定的发展优势。

第二节　南柳桂北国家自主创新示范区模式选择与协同战略

一、建设模式的选择

如第一章所论述的，国家自主创新示范区的建设模式，有单个高新区模式、单个城市多个高新区模式、单个城市模式、多城协作“多城多区”模式、城市群协同“多城多区”模式五种。而从国家自主创新示范区建设的历史进程来看，其所依托国家高新区及城市，逐步由单个国家高新区和单个城市向多个城市及城市群的多个国家高新区协同发展演变。

从南柳桂北国家自主创新示范区的创建来看，其所依托的是分别位于南宁、柳州、桂林、北海4个国家高新区，其中南宁、柳州、桂林3个国家高新区为创新型特色园区。各个国家高新区已经取得了一定的建设成效，但相对于我国现有国家高新区的发展水平来说，广西国家高新区的综合实力还不够强，发展最好的高新区在全国的排位仅在第50名。在国家科技部火炬中心最新公布的2018年度全国高新区评价中，柳州高新区综合实力在157个国家高新区中居第49名，排在广西各高新区之首。

因此，广西国家高新区抱团发展、形成合力，依托已有国家高新区的南宁、柳州、桂林、北海4个城市，按有所成形的城市群（带）或发展轴线，进行更紧密的协同，采取城市群协同“多城多区”模式创建南柳桂北国家自主创新示范区是必然的路径。

如前所述，采取城市群协同“多城多区”模式，创建中的南柳桂北国家自主创新示范区已有一定的发展基础。从主要经济指标来看，与在建的8个国家自主创新示范区、西部已建的5个国家自主创新示范区、全国已建的9个城市群协同“多城多区”模式国家自主创新示范区的平均水平相比较，南柳桂北国家自主创新示范区所依托的国家高新区具有较强的竞争力，具有创建国家自主创新示范区的较好基础（见表3－8和图3－1）。

表3－8　2017年南柳桂北与相关国家自主创新示范区主要经济指标比较

国家自主创新示范区		高新技术企业数（个）	营业收入（亿元）	利税总额（亿元）	出口总额（亿元）
广西南柳桂北		825	6473.2	659.2	451.6
与在建平均水平比较	平均水平	374	4550.5	636.2	195.3
	比例关系（%）	220.9	142.3	103.6	231.3

续表

国家自主创新示范区		高新技术企业数（个）	营业收入（亿元）	利税总额（亿元）	出口总额（亿元）
与西部已建平均水平比较	平均水平	668	5509.4	727.9	717.9
	比例关系（%）	123.5	117.5	90.6	62.9
与已有城市群模式平均水平比较	平均水平	1712	10629.8	1271.9	1900.1
	比例关系（%）	48.2	60.9	51.8	23.8

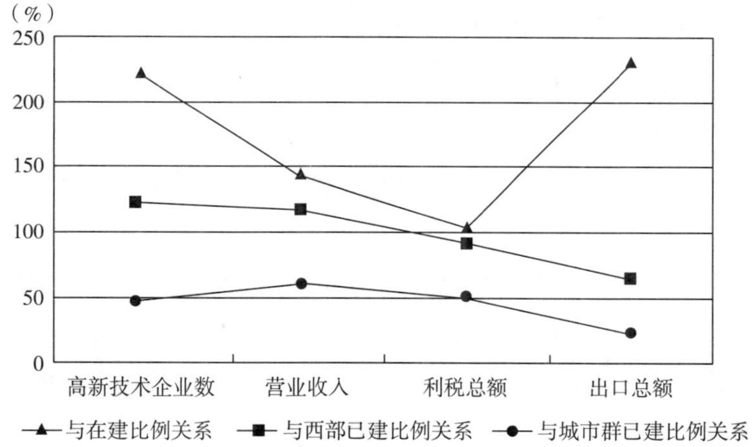

图 3－1　南柳桂北与相关国家自主创新示范区主要经济指标比例关系

从图 3－1 可以发现，虽然南柳桂北国家自主创新示范区与在建的 8 个国家自主创新示范区比较，具有全面优势，但是在利税水平方面，只是基本持平，说明其高新技术企业盈利能力还需提升。南柳桂北国家自主创新示范区企业不断强化创新能力建设，提升自身所处的创新链地位，走向价值链高端，从而推动地方产业中高端化，实现经济高质量发展，是较为紧迫的任务。

另外，虽然南柳桂北国家自主创新示范区与在建的 8 个国家自主创新示范区进行比较，出口创汇达到平均水平的 2.3 倍，但是与已建的国家自主创新示范区相比，出口总额仅分别相当于西部已建的 5 个国家自主创新示范区平均水平的 62.9%、全国已建的 9 个城市群协同“多城多区”模式国家自主创新示范区平均水平的 23.8%。可见，创建中的南柳桂北国家自主创新示范区在开放发展方面，还存在很明显的“短板”，开放发展与创新发展的互促共进还需加强，参与全球创新链竞争的能力亟待提升。

二、“五个关键协同”的发展战略

根据广西自主创新示范区建设的实际，在城市群协同“多城多区”模式下，可以通过五个“关键协同”来推进创建南柳桂北国家自主创新示范区，即创新发展和开放发展协同推进、创新型城市与自主创新示范区协同建设、产业创新与区域创新协同共进、“多城多区多平台”协同发展、创新创业环境和政策协同完善5个主要方面（王兴中、范盈超，2018）。

（一）创新发展和开放发展协同推进

基于广西建设“一带一路”有机衔接的重要门户和面向东盟的区位优势，创新发展和开放发展协同推进，建设面向东盟的区域性创新中心。党的十九大报告指出，要以“一带一路”建设为重点，坚持“引进来”和“走出去”并重，加强创新能力开放合作。广西落实“一带一路”建设科技创新合作专项规划，重点是加强与东盟、南亚等科技创新合作，与东盟国家共建一批创新合作平台和项目，打造面向东盟的区域性创新中心，将广西打造成中国与东盟创新要素双向流动的重要枢纽。因此，通过创新发展和开放发展协同推进，强化广西与东盟国家及“一带一路”沿线国家创新能力合作，使广西融入全球创新链当中，尤其是融入“一带一路”全球创新链中，并在其中占据有利的位置，对创建南柳桂北国家自主创新示范区具有重要推动作用。

（二）创新型城市与自主创新示范区协同建设

基于南北桂柳城市组团作为广西经济中轴带，推动南宁、柳州、桂林、北海创新型城市与南柳桂北国家自主创新示范区协同建设。历史上，沿铁路湘桂线至北部湾沿海的桂林—柳州—南宁—北海城市带，一直是广西经济发展的中轴线，集中了广西综合性中心城市、工业重镇、旅游龙头城市、沿海开放城市等主要城市。自桂林高新区1991年被国务院批准为第一批国家高新区以来，南宁、柳州、北海等高新区先后被批准成为国家高新区。2010年，南宁市成为国家创新型试点城市。创建中的南柳桂北国家自主创新示范区，具备了广西经济发展中轴、创新型城市建设、城市群组团发展等特征，与国家自主创新示范区创建所需要素具有高度契合性。南宁、柳州、桂林、北海 4 市需在城市群创新一体化协同机制进行突破，跳出单体城市和城市组团的局限，强化 4 个城市、4 个国家高新区之间创新网络建设和创新链衔接互补，从整个广西的全局性战略高度，一体化推进南柳桂北国家自主创新示范区的创建。

（三）产业创新与区域创新协同共进

南宁、柳州、桂林、北海各具特色的战略性新兴产业发展，推动产业创新与区域创新协同。国家高新区是战略性新兴产业的主要载体，产业创新和区域创新是国家和地区创新体系中两个相辅相成的中观层面。“十三五”以来，广西着力打造“一极两带两组团”的战略性新兴产业新格局，其中南宁新兴产业核心增长极和桂柳南北新兴产业创新带是其核心，致力于打造广西新兴产业创新中轴及后台服务基地，形成新的经济增长带。南宁市的新一代信息技术、石墨烯和高性能铝合金材料、航空航天和先进轨道交通装备，桂林的机器人和高档数控机床、电力装备，柳州的新能源汽车、智能工程机械和机器人、稀有金属新材料，北海的新一代信息技术、高品质特殊钢，这些广西的主要战略性新兴产业集聚于南宁、柳州、桂林、北海国家高新区，4 市各具特色的战略性新兴产业发展，推动了广西高新技术产业创新，为广西产业中高端化和经济高质量发展提供了持续动力。产业创新和区域创新在南宁、柳州、桂林、北海国家高新区的耦合协同，在推动南柳桂北国家自主创新示范区创建过程中，将形成强大的合力。

（四）“多城多区多平台”协同发展

创新示范区、创新基地、创新型园区等各类创新驱动发展平台，与国家高新区融合联动，可以获得“多城多区多平台”协同发展优势。南宁、柳州、桂林、北海 4 市已经集聚了广西最为丰富的创新平台资源，这些平台资源在西部省区很有代表性。4 市均为国家高新区、自治区级自主创新示范区，南宁是国家创新型试点城市、柳州是国家知识产权试点城市，南宁高新区是国家双创示范基地，桂林、南宁、柳州高新区是国家创新型特色园区，柳州、南宁高新区是国家知识产权示范（试点）园区。南柳桂北 4 市中有国家级科技企业孵化器 10 家、国家级众创空间 15 家（广西共 21 家）、国家级小型微型企业创业创新示范基地 11 家、国家高新技术产业化基地 5 家，国家大学科技园、国家级留学人员创业园、大众创业、万众创新示范基地各 1 家；在这些国家级创新发展平台中，除国家级众创空间之外，其他创新发展平台均占广西的全部或唯一。作为国家创新体系的重要支撑和载体，这些主要的创新驱动发展平台，与国家高新区的二次创业和整体提升融合联动，“多城多区多平台”协同发展，是创建南柳桂北国家自主创新示范区的重要推动力。

（五）创新创业环境和政策协同完善

“双创”背景下，南宁、柳州、桂林、北海城市和高新区创新创业环境和政策，需整体统筹、协同完善。创建南柳桂北国家自主创新示范区，是在4个地域空间分散的城市和高新区进行的，发展水平、创新创业环境、政策条件、管理模式等都有所差异。在“大众创业、万众创新”蓬勃兴起的良好局面下，南宁、柳州、桂林、北海4市及其国家高新区，需要关注现有差异，从整体统筹角度，系统优化创新创业的生态环境。强化政策供给，并强化各市各高新区间的政策协同，充分释放国家高新区及4市的创新创业潜能，切实有效地提高创新效率、缩短创新路径，从而增强创新创业的发展实效，促进南柳桂北国家自主创新示范区的成功创建。

“五个关键协同”的发展战略，按照南柳桂北国家自主创新示范区创建的建设要点、所具备的优势条件及其关键协同的对应关系，可以构建发展战略框架结构，如图3－2所示。

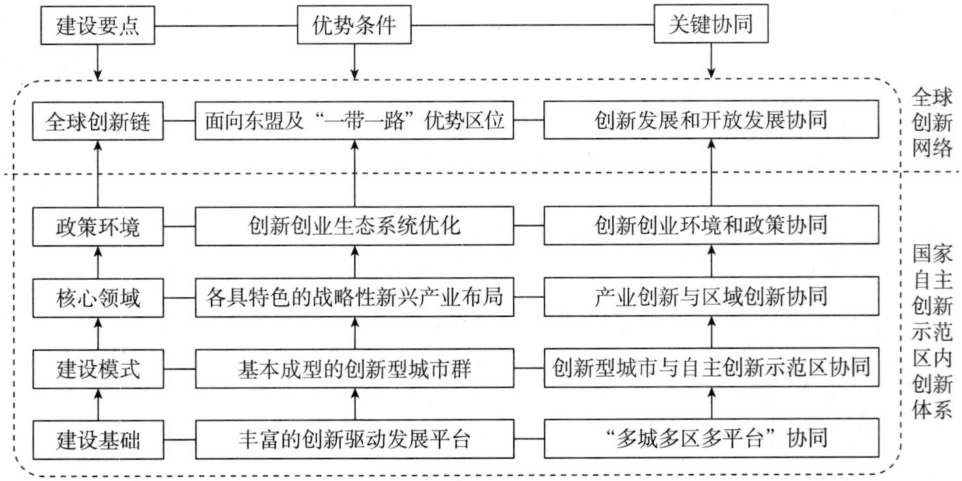

图3－2 南柳桂北国家自主创新示范区关键协同战略框架

第四章　关键协同之一：创新发展和开放发展协同推进

第一节　南柳桂北国家自主创新示范区开放发展的区位优势

一、南柳桂北国家自主创新示范区开放发展的优势叠加演变

1973 年 5 月，经国务院批准，桂林成为我国首批对外开放的旅游城市之一①。1984 年，中共中央、国务院把北海列为中国 14 个对外开放的沿海港口城市之一（吴小玲，2011）。南柳桂北国家自主创新示范区首尾两大城市，在广西对外开放和合作中，走在历史的潮头。

史载汉元鼎六年（公元前 111 年），就有以合浦港（属北海市）等地为起点的，与东南亚及南亚各国开展的大规模海上贸易往来，广西北部湾地区成为我国古代海上丝绸之路的重要发祥地之一。2008 年 1 月，《广西北部湾经济区发展规划（2006—2020）》获国务院批准实施，广西北部湾发展上升为国家战略，以南宁市为龙头城市的广西北部湾经济区开放开发进入新的历史阶段。

2004 年 6 月，包括广东、广西、海南、云南、贵州、四川、湖南、江西、福

---

① 桂晨，李慧敏．改革开放 40 载，桂林值得铭记的 10 个历史瞬间［N］．桂林日报，2018－12－18（3）．

建9个省区和香港、澳门2个特别行政区的泛珠三角区域合作正式全面启动，广西对接我国最发达地区之一的珠三角地区有了新的平台。2014年7月国务院批复同意《珠江—西江经济带发展规划》（国函〔2014〕87号），广西西江经济带建设上升为国家战略，其中南宁市是珠江—西江经济带双核之一，是面向东盟、通江达海、内陆开放型经济战略高地，而柳州是西南地区工业重镇和综合交通枢纽。2019年2月，中共中央、国务院印发《粤港澳大湾区发展规划纲要》，提出"辐射带动泛珠三角区域发展"，要构建以粤港澳大湾区为龙头，以珠江—西江经济带为腹地，带动中南、西南地区发展，辐射东南亚、南亚的重要经济支撑带；完善大湾区至泛珠三角区域其他省区的交通网络，促进泛珠三角区域要素流动和产业转移，形成梯度发展、分工合理、优势互补的产业协作体系；依托沿海铁路、高等级公路和重要港口，实现粤港澳大湾区与海峡西岸城市群和北部湾城市群联动发展。这些都为广西和南柳桂北国家自主创新示范区的开放发展带来了有力支撑。

2002年11月，《中国—东盟全面经济合作框架协议》签署。2004年起，中国—东盟博览会及中国—东盟商务与投资峰会每年在南宁举办。2010年元旦，中国—东盟自由贸易区（China and ASEAN Free Trade Area，CAFTA）正式全面启动，南宁成为中国—东盟自由贸易区的桥头堡。对接东盟，成为广西对外开放合作的重点。2007年7月，第一届"泛北部湾经济合作论坛"在南宁市举办，中国—东盟合作框架下的泛北部湾次区域合作机制启动，构建中国—东盟"一轴两翼"区域合作新格局，南宁到新加坡的"中国—中南半岛"经济走廊，以铁路、高速公路和高等级的公路为载体，把6个国家、9个城市串联在了一起。广西提出的中国—东盟"一轴两翼"区域经济合作新格局，在更大的范围整合了合作资源，为中国和东盟之间的合作增加了新亮点，进一步强化了南宁市作为中国—东盟合作桥头堡的区位优势。

2013年9~10月，国家主席习近平先后提出共建"丝绸之路经济带"和"21世纪海上丝绸之路"（"一带一路"）的重大倡议。国务院总理李克强参加2013年中国—东盟博览会时强调，铺就面向东盟的"海上丝绸之路"，打造带动腹地发展的战略支点。2015年3月，中国国务院授权国家发展改革委、商务部、外交部联合发布《推动共建丝绸之路经济带和21世纪海上丝绸之路的愿景与行动》，对广西的要求是：发挥与东盟国家陆海相邻的独特优势，加快北部湾经济区和珠江—西江经济带开放发展，构建面向东盟区域的国际通道，打造西南、中南地区开放发展新的战略支点，形成“21 世纪海上丝绸之路”与“丝绸之路经济带”有机衔接的重要门户。2015 年 3 月，习近平总书记参加全国人大会议广西代表团审议时，强调广西要构建面向东盟的国际大通道、打造西南中南地区开放发展新的战略支点、形成“一带一路”有机衔接的重要门户，赋予广西“三大定位”新使命。为此，2016 年 6 月印发的《广西参与建设丝绸之路经济带和21 世纪海上丝绸之路的思路与行动》（桂“一带一路”办发〔2016〕1 号）提出，广西服务中国—东盟自贸区升级版，在继续深化与东盟国家合作的同时，拓展与丝路沿线其他国家的合作，重点打造“一廊两港两会四基地”，深度融入“一带一路”建设。2017 年 8 月底，重庆、广西、贵州、甘肃 4 方签署《关于合作共建中新互联互通项目南向通道的框架协议》，渝桂黔陇四省区市合力打造南向通道，深度融入“一带一路”发展①；经几次扩容，2019 年 5 月，西部重庆、广西、贵州、甘肃、青海、新疆、云南、宁夏、陕西 9 省区市签约合作共建“陆海新通道”，助推我国加快形成“陆海内外联动、东西双向互济”的对外开放格局②，广西（北部湾）作为“21 世纪海上丝绸之路”的起点之一，逐步打通了与“丝绸之路经济带”重要起点陕西（西安）之间陆海相连的通道。未来，广西将着力构建“南向、北联、东融、西合”的开放发展总体布局③，加快构建面向东盟的国际大通道、打造西南中南地区开放发展新的战略支点、形成“一带一路”有机衔接的重要门户（鹿心社，2018）。因此，广西持续实施以东盟为重点的大开放战略，正面临被赋予“三大定位”新使命的重大机遇，开放发展已经取得的显著成功，为南柳桂北国家自主创新示范区开放发展打下了良好的基础。

---

① 陈钧．渝桂黔陇合力打造南向通道深度融入“一带一路”发展［N］．重庆日报，2017－09－02（002）．

② 陈钧，杨骏．西部九省区市签约合作共建“陆海新通道”［N］．重庆日报，2019－05－17（3）．

③ 广西“南向、北联、东融、西合”全方位开放发展新格局是指：南向，主要是以国际陆海贸易新通道建设为载体，加快构建面向东盟的国际大通道；北联，主要是畅通连接贵州、重庆、四川、陕西、甘肃等地的大通道，把“一带”和“一路”在我国西部地区连接贯通起来；东融，主要是主动融入珠三角，全面对接粤港澳大湾区，借力东部地区加快发展；西合，主要是联合云南等省份，加强与越南、缅甸、老挝等湄公河流域国家的合作。

二、南柳桂北国家自主创新示范区开放发展的区位优势

作为我国西部唯一有出海口的省份和中国唯一与东盟陆海相邻的省份，广西“一湾相挽十一国、良性互动东中西”的独特区位，正是2008年初国务院批准实施《广西北部湾经济区发展规划》，把广西北部湾经济区明确为全国首个国际区域经济合作区的重要原因①。从国家“一带一路”倡议提出以来，广西沿海沿江沿边，连接中南、西南和北部湾，与东盟陆海相连的区位优势，使广西得以实施更加积极主动的开放带动战略，打造“一带一路”重要支撑②。尤其是，在中国特色社会主义进入了新时代的背景下，党的十九大报告提出“要以‘一带一路’建设为重点，坚持‘引进来’和‘走出去’并重，遵循共商共建共享原则，加强创新能力开放合作，形成陆海内外联动、东西双向互济的开放格局。”我国这一全面开放新格局，使广西“一湾相挽十一国，良性互动东中西”的独特区位优势更加凸显。

2017年4月，习近平总书记考察广西，要求“立足独特区位，释放‘海’的潜力，激发‘江’的活力，做足‘边’的文章，全力实施开放带动战略”，这一重要论述，为具备背靠大西南、毗邻粤港澳、通衢东南亚区位优势的广西，指明了开放发展的方向和路径。在习近平新时代中国特色社会主义思想指引下，广西新时代有新作为，书写开放发展新篇章，内聚外合、纵横联动，在南向、北联、东融、西拓上下更大功夫，推动广西全方位开放发展③。

南柳桂北国家自主创新示范区正是处在广西这一独特区位当中，其中南宁市是广西全方位开放发展的核心、中国—东盟自由贸易区的桥头堡、中国—中南半岛经济走廊的枢纽，北海是“21世纪海上丝绸之路”的历史起点之一、中新互联互通项目南向通道出海口之一，柳州是广西开放发展的核心节点城市、综合交通枢纽，桂林拥有广西干线机场、国际旅游枢纽机场。因此，南柳桂北国家自主

① 郑盛丰，庞革平，田丰．“一湾相挽十一国，良性互动东中西”——广西北部湾经济区发展规划获准实施述评［N］．人民日报（海外版），2008－02－26（2）．

② 王念，王军伟，潘强．一湾相挽十一国，良性互动东中西——广西全力实施开放带动战略打造“一带一路”重要支撑［N］．新华每日电讯，2017－05－11（6）．

③ 刘华新，庞革平，李纵．南向、北联、东融、西拓　广西：开放发展迈出新步伐［N］．人民日报，2018－05－06（1）．

创新示范区处于多项国内、国外经济发展合作和发展规划的交汇点，主要包括：国内方面，珠江—西江经济带、粤港澳大湾区（辐射区域）、泛珠三角区域合作；国际方面，中国—东盟自由贸易区、泛北部湾经济合作、中国—中南半岛经济走廊、“21世纪海上丝绸之路”、中新互联互通项目南向通道等，具有明显的区位优势。

此外，2017年4月，贵州省发展和改革委员会、广东省发展和改革委员会、广西壮族自治区发展和改革委员会联合印发实施《贵广高铁经济带发展规划（2016—2025年）》（黔发改地区〔2017〕539号）。2017年6月，广西壮族自治区发展和改革委员会、广东省发展和改革委员会联合印发实施《南广高铁经济带发展规划（2016—2025年）》（桂发改区域〔2017〕678号）。南宁作为南广高铁经济带面向东盟开放合作的战略枢纽，带动形成南宁—来宾—柳州等组团；桂林作为贵广高铁经济带区域性中心城市，带动形成桂林—柳州组团。这些具体的跨省域的协同发展，进一步强化了南柳桂北国家自主创新示范区所在城市开放发展“良性互动东中西”的区位优势。

第二节 南柳桂北国家自主创新示范区创新发展的成效

一、南柳桂北国家自主创新示范区创新发展主要经济指标

南柳桂北国家自主创新示范区涵盖南宁、柳州、桂林、北海4市，从国家自主创新示范区创建来看，其创新能力的评价首先看示范区内国家高新区的创新发展指标。为此，我们选取南柳桂北国家自主创新示范区已有的国家高新区的创新发展情况。根据《中国科技统计年鉴》数据，选取技术收入、净利润、出口总额3项主要创新经济指标来观察南柳桂北国家自主创新示范区国家高新区进行分析。其中技术收入可以代表国家高新区企业技术创新相关的直接收入，净利润代表国家高新区企业创新发展的盈利能力，出口总额代表国家高新区企业创新发展所形成的出口创汇能力。

总体来看，2010 年广西首次正式提出自主创新示范区概念认识以来，南柳桂北国家自主创新示范区区域范围内的国家高新区主要创新经济指标呈现稳定增长态势，2017 年的相应指标大约相当于 2010 年的 6 倍（见表 4－1、图 4－1）。

表 4－1　南柳桂北国家自创区国家高新区主要创新经济指标　单位：亿元

年份	技术收入	净利润	出口总额	备注
2010	108. 1	75. 5	95. 5	不含柳州、北海
2011	117. 3	86. 0	106. 3	不含柳州、北海
2012	134. 2	151. 4	194. 7	不含北海
2013	241. 9	194. 5	168. 5	不含北海
2014	290. 9	262. 8	227. 6	不含北海
2015	414. 2	328. 4	327. 4	
2016	461. 5	379. 5	337. 3	
2017	606. 4	388. 7	451. 6	

注：资料来源：《中国科技统计年鉴》，均为当年价；除 2010～2015 年的出口总额均由出口创汇按当年人民币兑美元平均汇率折算而来。

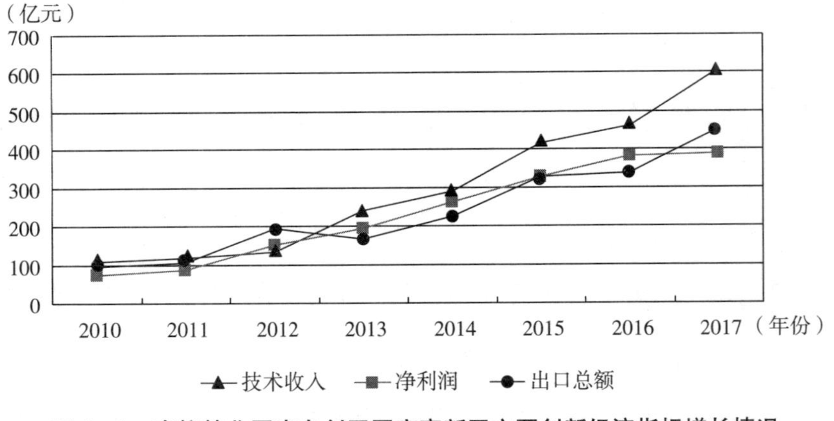

图 4－1　南柳桂北国家自创区国家高新区主要创新经济指标增长情况

二、南柳桂北国家自主创新示范区创新发展的主要创新活动

“十一五”末期以来，南柳桂北国家自主创新示范区国家高新区企业创新活动持续增长（见图 4－2、图 4－3）。截至 2017 年底，科技活动人员达 6. 3 万人，R&D 人员 3. 8 万人（年 R&D 人员全时当量 2. 3 万人），科技活动经费内部支出 150. 1 亿元，R&D 经费内部支出 78. 8 亿元（见表 4－2）。

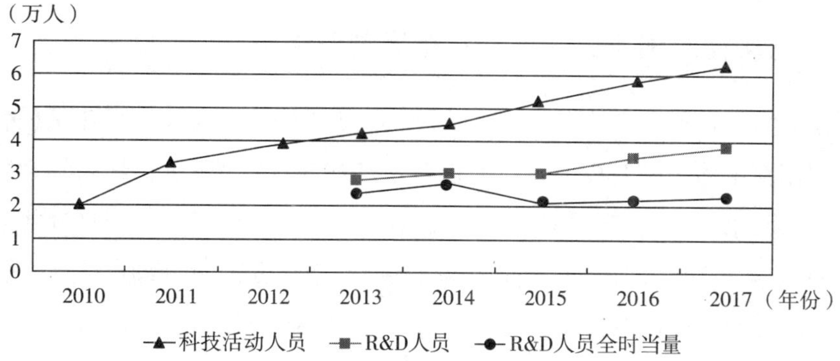

图 4－2 南柳桂北国家自创区国家高新区科技活动人员增长情况

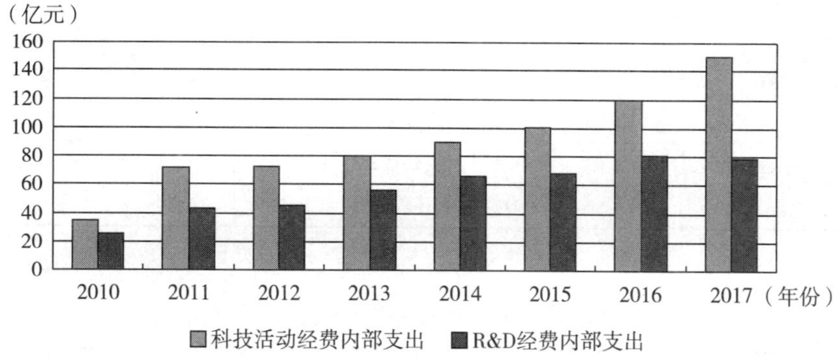

图 4－3 南柳桂北国家自创区国家高新区科技活动经费支出增长情况

表 4－2 南柳桂北国家自创区国家高新区企业主要创新活动情况

年份	科技活动人员（万人）	R&D 人员（万人）	R&D 人员全时当量（万人年）	科技活动经费内部支出（亿元）	R&D 经费内部支出（亿元）
2010	2. 0	—	—	34. 8	25. 8
2011	3. 3	—	—	71. 8	43. 2
2012	3. 8	—	—	72. 2	45. 0
2013	4. 2	2. 8	2. 4	79. 9	56. 1
2014	4. 5	3. 0	2. 7	90. 1	65. 9
2015	5. 2	3. 0	2. 1	100. 3	67. 9
2016	5. 8	3. 5	2. 2	120. 0	80. 6
2017	6. 3	3. 8	2. 3	150. 1	78. 8

三、南柳桂北国家自主创新示范区创新能力

创新能力来自创新主体，而高等学校、科研机构及高新技术企业是创新活动最集中的创新主体。高新技术企业的创新活动如表 4－2 所示。从高等学校、科研机构等方面来看，南宁、柳州、桂林、北海 4 市，集中了广西全区 3/4 的创新主体（见表 4－3）。2017 年，博士毕业的研发人员超过 4000 人，占全区的 97.2%；研发经费支出总计 42.9 亿元，占全区的 86.8%（见表 4－4）。

表 4－3　2017 年南柳桂北国家自创区高等教育资源情况

指标	南宁	柳州	桂林	北海	合计	占全区比重（%）
高校数（所）	33	6	13	4	56	71.8
高校专任教师数（万人）	2.07	0.42	0.91	0.21	3.61	78.4
高校招生数（万人）	13.99	1.12	5.82	0.55	21.48	73.5
高校在校学生数（万人）	42.67	8.22	19.22	3.4	73.51	77.9
高校毕业生数（万人）	10.86	0.71	4.67	0.53	16.77	77.3

表 4－4　2017 年南柳桂北国家自创区研究机构情况

	南宁	柳州	桂林	北海	合计	占全区比重（%）
机构数（个）	301	117	246	22	686	79.8
R&D 人员（人）	8606	5724	6394	496	21220	87.4
博士毕业	2245	163	1671	21	4100	97.2
硕士毕业	2705	762	1780	48	5295	91.3
R&D 经费支出（亿元）	19.1	15.4	7.4	1.0	42.9	86.8
科研用仪器设备原价（亿元）	59.0	32.7	17.0	1.1	109.8	92.6
进口	9.9	1.6	4.1	0.2	15.8	84.2

而从专利申请来看，南柳桂北国家自主创新示范区的创新成果，约占全区的 70%，但是在创新性相对低一些的外观设计方面，专利申请量及专利授权量均不足 50%。南柳桂北国家自主创新示范区 4 市的专利授权结构为 35.2∶52.2∶12.6，明显优于全区的 29.8∶50.8∶19.4，表明其创新能力更强（见表 4－5）。

表 4－5　2017 年南柳桂北国家自创区专利申请、授权情况　　单位：件

	南宁	柳州	桂林	北海	合计	占全区比重（%）
专利申请量	16320	9935	9750	1725	37730	66.2
发明	10882	6855	6562	1306	25605	67.4
实用新型	4568	2728	2595	284	10175	69.8
外观设计	870	352	593	135	1950	44.2
专利授权量	4496	2713	2421	415	10045	65.8
发明	1657	903	785	189	3534	77.6
实用新型	2304	1574	1236	129	5243	67.6
外观设计	535	236	400	97	1268	42.9
专利授权结构	36.9：51.2：11.9	33.3：58.0：8.7	32.4：51.1：16.5	45.5：31.1：23.4	35.2：52.2：12.6	29.8：50.8：19.4

第三节　全球创新链与面向东盟的区域性创新中心建设

一、开放创新与全球创新链

企业开放式创新（Open Innovation）模式是由美国学者 Henry Chesbrough（亨利·切萨布鲁夫）提出的，该模式认为，当企业着眼于发展新技术时，可以基于特定的企业模式，利用企业内部和外部两条市场通道将企业内、外部所有新创意集成起来创造价值，同时建立起相应的内部分享机制，即强调外部知识资源对于企业创新过程的重要性（后锐、张毕西，2006）。开放创新是在企业开放式创新这一创新范式的泛化应用，把企业开放式创新的边界放大到区域、国家的层面，一个区域甚至国家，利用内部和外部创新资源进行创新，并形成内部分享机制和外部共享机制，就属于“开放创新”的范畴。国家自主创新示范区作为我国产业发展和科技创新的“特区”，具有相对独立的区域创新系统，而技术转移

政策使技术创新从示范区向外部区域扩散，发挥国家自主创新示范区创新引领和科技带动作用（Huang et al. ，2013）。这种外向型开放式创新，实际上构成了一个包含超本地网络的“开放式区域创新系统”（Open Regional Innovation System，ORIS）（Belussi et al. ，2010；魏江，2010），使国家自主创新示范区融入国内外开放创新链中[①]。

自主创新和开放创新都是创新的重要途径，两者相辅相成。2013 年9 月，习近平总书记在第十八届中央政治局第九次集体学习时的讲话中指出，“要深化国际交流合作，充分利用全球创新资源，在更高起点上推进自主创新”。2016 年4月，习近平总书记指出，“要正确处理开放和自主的关系……最关键最核心的技术要立足自主创新、自立自强……另一方面，我们强调自主创新，不是关起门来搞研发，一定要坚持开放创新”。可见，扩大科技创新对外开放，也成为中国特色自主创新道路的重要组成部分（陈宝明，2018）。

全球创新链（Global Innovation Chains，GIC）或全球创新网络（Global Innovation Networks，GIN）是企业在全球范围内搜索可利用的知识资源、关注资源使用权并且具备高度开放性的价值网络创新模式（马琳、吴金希，2011）。全球创新网络已经成为国家、区域、企业以及个体解决知识资源分布非均衡、满足创新所需隐性与非隐性知识的一个重要途径。全球创新网络是内部创新体系的有益补充，有利于减少研发成本，防范内部研发项目的失败，并加速学习及获得新的知识资源，应充分认识到全球创新网络“链接全球创新资源、实现后发赶超”的战略意义，积极融入全球创新网络（陈志明，2018）。在基于全球价值链的制造业增长模式下，中国产业发展动力衰减，中国必须从加入全球价值链转向嵌入全球创新链，主动参与新的国际分工和产业重构、培育新的比较优势，重塑产业发展的新动力（刘志彪，2015）。

随着科技创新全球化趋势持续深入发展，知识产权、科技人才等高端创新资源正成为国家和地区间竞相争夺的战略资源。内生创新能力相对而言更为不足的广西，在创新创业主导的我国经济转向高质量发展新时代，迫切需要利用“一带一路”倡议、中国—东盟合作深入发展等重要契机，搭建融入全球创新版图的通

① 关于区域创新系统及其开放性，在第六章第一节，有详细阐述。

道，顺应全球价值链向全球创新链递进的发展趋势，逐步挖掘和形成开放式创新的后发优势，以更加主动的姿态吸纳全国和全球创新资源、融入全球创新网络。广西实施开放式创新的基本构想是“一圈一区三板块”，“一圈”即桂粤港创新圈，“一区”即中国—东盟跨国创新特区，“三板块”指桂新欧创新合作板块、桂北美创新合作板块、东北亚创新合作板块。广西应以企业为开放创新的主体，支持企业整合利用全球创新资源。建立企业研发“走出去”促进体系，支持企业利用全球高端要素，建立创新国际合作伙伴链，提升创新驱动绩效（黄洲等，2015）。

二、以南宁为核心建设面向东盟的区域性创新中心

（一）以南宁为核心建设面向东盟区域性创新中心的形势分析

2012 年 9 月，“中国—东盟科技伙伴计划”在南宁启动。2013 年 9 月，由科技部、广西壮族自治区人民政府共同主办的“首届中国—东盟技术转移与创新合作大会”在广西南宁召开。2016 年 9 月，第 13 届中国—东盟博览会期间，第 4 届中国—东盟技术转移与创新合作大会，以“技术转移引领，创新合作发展”为主题，积极探索建设科技合作新模式，打造中国—东盟科技创新共同体。党的十九大报告指出，要以“一带一路”建设为重点，坚持“引进来”和“走出去”并重，加强创新能力开放合作。作为中国—东盟合作的最前沿，广西着力打造“一带一路”有机衔接的重要门户，不断加强与东盟国家的科技合作交流，依托中国—东盟技术转移中心等平台，加快融入“一带一路”发展战略，助力打造中国—东盟协同创新共同体①。2018 年 9 月，第 6 届中国—东盟技术转移与创新合作大会在广西南宁举办，期间举行的中国—东盟科技园区创新合作论坛，开启了中国—东盟创新合作新模式，中国与东盟已形成科技人员交流、联合科研平台、技术转移、科技园区等丰富的科技合作模式②。国家“一带一路”倡议、西部陆海新通道建设、粤港澳大湾区建设，广西“南向、北联、东融、西合”全

---

① 江东洲．深化科技合作助力打造中国—东盟协同创新共同体［N］．科技日报，2016－09－08（7）．

② 江东洲，刘昊．“一带一路”倡议下开启中国—东盟科技园区创新合作新模式［N］．科技日报，2018－09－14（3）．

方位开放发展新格局，这些重要的开放发展布局凸显了以南宁为核心建设面向东盟的区域性创新中心的重要意义。广西和南宁融入“一带一路”建设，最便利、最直接、最有效的抓手，就是西部陆海新通道建设。升级“南宁渠道”，走活开放发展这盘“棋”：重点向南，积极参与西部陆海新通道建设；重点向东，主动对接粤港澳大湾区建设，紧紧地依靠、抓紧大湾区这个经济“航母”，主动向先进生产力靠拢，实现“借船出海”加快发展①。

东盟各国作为共建“21 世纪海上丝绸之路”的重要合作伙伴，在“一带一路”科技创新行动计划与中国—东盟科技伙伴计划框架下，中国—东盟区域科技创新合作蕴藏着巨大潜力。可以进一步探索和实施“两国双园”、产业化“园中园”等模式，以园区联盟、产业联盟、技术联盟、孵化器联盟、智库联盟等合作形式，打造若干个跨国界、跨区域中国—东盟创新合作的示范平台。

广西作为中国对东盟开放的最前沿，应继续深入实施“南向、北联、东融、西合”全方位开放发展战略，加快深度融入全球创新网络，为高质量发展注入强大驱动力。具体来说，可以通过产业内贸易、产业链共建，深化与东盟的国际产能对接，促进重点产业先进适用技术的转移转化；依托国家高新区，尤其是依托创建中的国家自主创新示范区，加强与东盟相应科技园区的创新合作，逐步形成广西—东盟产业国际创新合作园区。充分利用好毗邻东盟的区位优势和良好合作基础，集聚国内各类创新资源和要素，主动参与“一带一路”建设，以规划建设中国—东盟技术转移集聚区、中国—东盟信息港、中国—东盟产业科技城等国际创新合作平台为重点，探索创新发展理念相同、要素流动畅通、科技设施联通、创新链条融通、人才交流顺通的新模式，打造更开放、更紧密、更高效的中国—东盟创新共同体（曹坤华，2018）。

（二）以南宁为核心建设面向东盟区域性创新中心的具体行动

建设南宁区域性国际创新人才中心。切实实施科技部“发展中国家杰出青年科学家来华工作计划”，积极引入“一带一路”沿线发展中国家杰出青年科学家来广西、来南宁工作。重点推进“百名东盟国家杰出青年科学家来华入桂工作计

① 南宁日报评论员．升级“南宁渠道”走活开放发展这盘“棋”［N］．南宁日报，2019－04－27（2）．

划”，面向东盟国家，以百名东盟国家杰出青年科学家入桂工作计划为推进器，全面促进广西与东盟国家之间的青年科技人员交流合作，在南宁建设面向东盟国家的科技人才交流和培训中心。进一步完善广西和南宁市海外高层次人才联络体系，对接广西九张创新名片，瞄准东盟国家经济社会发展总体趋势和产业发展需要，建立、完善与战略需求相适应的高层次人才信息库，构建以广西—东盟为核心的综合性国际人才服务平台，引进、培养并聚集国际高端创新人才。

建设面向东盟的区域性技术研发中心、创新中心。充分利用广西作为对接东盟的前沿阵地、南宁作为中国—东盟合作桥头堡的优势区位条件，抓住中国—东盟经济、社会、科技联系日益紧密，国家“一带一路”倡议在沿线国家得到积极响应，广西作为“一带一路”有机衔接重要门户作用日益凸显的重要机遇，对接粤港澳大湾区、“珠三角”、“长三角”以及国内其他创新资源富集省区市，吸引当地国家级科研机构和国内知名企业在广西建立分院分所分中心、联合实验室（研究中心）、产业技术研究院等研发和成果转化机构，促进我国先进发达地区创新资源集聚广西（尤其是聚集到初具面向东盟国际性区域中心城市特征的南宁市），促进中国与东盟创新要素互联互通，共建国内先进、具有国际影响力、主要辐射东盟的国际性区域创新中心。

打造中国—东盟技术共享平台和技术转移中心。在南宁逐步建立中国—东盟国际合作项目（技术）和知识产权数据库，形成有效的科技合作信息公开和共享机制。按照国际通用的知识产权保护、管理和分享制度，完善中国—东盟之间在专利、商标、版权等方面的技术共享合作。在此基础上，扩大全球创新资源配置范围，形成以中国—东盟合作为核心的国际科技合作网络，加快建设中国—东盟技术转移中心，完善中国及广西与东盟国家之间的双边技术转移中心和区域技术转移中心工作机制。强化与“一带一路”沿线国家，尤其是东盟国家的技术合作和转移，培育我国在东盟各国开展科技创新合作的核心群体，建设广西（东盟）技术交易平台，形成完善的技术转移服务链。

逐步形成广西—东盟科技园区合作和产业创新网络。积极开展广西国家级高新区等国家级科技园区与东盟国家高水平科技园区的对接合作，形成若干个具有产业优势的广西—东盟科技园区合作联盟。推动广西在东盟及“一带一路”相关国家的各类产业园区提升为科技合作园区，把广西—东盟之间的全球价值链嵌入推向全球创新链嵌入。鼓励和支持南宁、桂林、柳州、北海国家高新区，按照产业特色在东盟相关国家合作共建科技园区，探索在境外开展科技成果转化的新模式和新途径。支持广西科技园区各类创新主体与相关国家科技园区的创新主体开展对接合作，鼓励广西企业、高校、科研院所与“一带一路”相关国家相关机构建立联合实验室（或联合研究中心）、创新中心、科技示范基地、技术转移中心等海外研发机构或创新平台，输出先进适用技术成果。

第五章　关键协同之二：城市群创新一体化协同建设

第一节　南柳桂北城市群（带）及其发展状况

一、南柳桂北城市群（带）的设想和现实

从广西经济社会发展资源来看，广西区域经济一级发展轴带有三条，即湘桂发展轴带、南昆发展轴带和西江发展轴带。其中，湘桂沿线城镇经济发展轴（带），沿全长近800公里的湘桂线，集中了广西最大的三个中心城市南宁、柳州和桂林，以及新建的地级市来宾、崇左，另有下辖10个县市城镇。2002年，该经济发展轴（带）行政区域面积4.3万平方公里、人口1143.5万、国内生产总值984亿元，分别占广西国土面积的20.1%、总人口的23.7%和GDP的40.1%，在广西区域经济发展中占据着重要的地位，直接影响到广西整个经济的发展水平（李少游，2005）。这里设计的湘桂沿线城镇带（按主要城市命名，可以称为“南柳桂城市带”），并没有明确的地位。比如广西在“十五”末期关于以南宁为中心形成各具特色和优势的“五大经济区”总体设计中，有南崇经济带、南百经济带、南柳桂经济带、南梧西江经济带等5大经济区域，但相应的“四群四带”城镇化体系是指：以南宁市为核心的南宁、北海、钦州、防城港沿海城市群，以柳州市为中心的桂中城镇群，以桂林市为中心的桂北城镇群，以及

以河池、宜州市为轴心的黔桂走廊城镇带，以百色市、平果县为轴心的右江走廊城镇带，以贺州市和钟山、富川县为轴心的桂东北城镇带，以崇左、凭祥市和宁明县为轴心的桂西南城镇带（郭声琨，2005）。

根据城镇较发达的城镇（市）群与城镇群（带）发展推力最大的城镇发展轴之间耦合关系以及行政和历史渊源关系，以广西 3 个重要的城镇密集区即南北钦防沿海城市群、桂北城镇群、桂中城镇群为基础，南北桂柳城镇群（带）正在形成。该城镇带包括广西区内南宁、北海、桂林、柳州、钦州、防城港 6 个地级市及其 18 个县市（包括现崇左、来宾部分区域），该区域具有较高的人口和经济等要素的密集性。1999 年，在全区 24.5% 的土地上集聚了全区总人口的 30.4%，其中非农业人口占自治区的 50.6%、GDP 的 51.4%，专业技术人员占全区的 59.9%，人均 GDP 和地均 GDP 分别是全区平均水平的 1.7 倍和 2.1 倍。4 个中心城市具有较鲜明的职能特征，呈多样性发展：南宁是自治区政治、经济、文化中心，属综合性中心城市；北海是广西沿海最大的港口城市，是广西对外开放的前沿阵地；柳州是广西最大工业中心城市，在自治区工业布局中起举足轻重的作用；桂林是广西旅游中心城市，是广西旅游的龙头城市，也是广西最重要的航空港。南宁、北海、柳州、桂林 4 个中心城市及其所在的南北桂柳城镇带所具备的上述特点是城镇带形成和发展的基础，多核心和多样性的发展现状有利于培育一个联系紧密的城市体系（王兴中，2003）。而积极构建桂柳南北中心城市带符合广西的要求，它是以大、中、小中心城市和小城镇的协调发展为目的，它可以利用自身规模的经济效益带动广西区域经济的发展（曾鹏，2006）。

但是，上述设想在“十一五”之后的广西整体经济社会发展布局中，并未得到完整体现，尤其是 2008 年 1 月，《广西北部湾经济区发展规划（2006—2020）》获国务院批准实施，广西北部湾经济区发展上升为国家战略，广西北部湾城市群（原来的南北钦防沿海城市群的扩大）成为广西城市群建设的着力点。根据《广西壮族自治区新型城镇化规划（2014—2020 年）》（桂发〔2014〕13 号），广西形成北部湾城市群和桂中、桂北、桂东南城镇群 4 大城镇群。其中，北部湾城市群南宁、北海、钦州、防城港、玉林、崇左 6 市，在广西城镇化战略格局中处于优先地位，以建设国家级重点城市群为目标，显著提升在全国城镇化战略格局中的地位和作用。而桂中城镇群包括柳州、来宾 2 市和河池的部分市县，桂北城镇群包括桂林、贺州2市，均为广西区域性城镇群。

广西长期以来的经济社会发展，基本形成了沿湘桂线从桂北山区的桂林市到北部湾经济区的沿海地区的经济社会发展中轴线。由于其从北到南地理跨度超过500公里，尤其是在工业中心城市（同时也一直是主要的陆路交通枢纽城市）柳州和综合性省域中心城市南宁之间超过200公里的地理分割，在新建的来宾（原南宁地区和柳州地区）这一广西国土和经济地理重心位置形成了某种意义上的“中部塌陷”，从而使以桂林为中心的桂北城镇群、以柳州为中心的桂中城镇群、以南宁为中心的北部湾城市群这三者之间的相对独立发展，并未形成实质意义上的南柳桂北城市群（带）。

从我国现有20个国家自主创新示范区来看，有11个是以多个城市（其中8个城市群）为基础整合多个国家高新区进行建设的。尤其是，“十三五”以来国务院批复的9个国家自主创新示范区中，仅有作为直辖市的重庆市为单一城市、单一国家高新区进行建设，其中有6个是按城市群进行建设的。未以城市群形态进行建设的2个“多城多区”国家自主创新示范区中，即哈大、宁温国家自主创新示范区，哈尔滨、大连同属辽中城市群的核心城市，而宁波、温州是浙江杭州、宁波、温州、金华—义乌四大都市区中的两个，其特色优势是民营经济创新创业。可见，依托城市群创建国家自主创新示范区，已经得到了充分肯定。而南柳桂北国家自主创新示范区创建依托城市中，虽然北部湾列入了《2019年新型城镇化建设重点任务》（发改规划〔2019〕617号），但广西北部湾城市群仅涉及南柳桂北国家自主创新示范区中的南宁、北海两市。因此，从城市群支撑来看，还略有不足。需扩大城市群的影响范围和整体实力，从理念上，应按照南柳桂北城市群（带）作为整体支撑。

二、南柳桂北城市群（带）的发展现状

如第三章所述，2017年南柳桂北城市群（带）GDP为10149.49亿元，约占广西总量的一半，已经具备了万亿级GDP总量；三次产业结构为11.5∶44.8∶43.7，工业和服务业发展势头良好。除出口总额由于归口到两个主要的口岸城市（钦州、崇左）而占比较小外，其他主要经济、产业和科教指标占比均较大（见表5-1~表5-3）。

表 5-1　2017 年南柳桂北城市群（带）主要经济指标

指标	城市带	占全区比例（%）
行政区域土地面积（万平方公里）	7.24	30.4
户籍年末总人口（万人）	1852.97	33.1
地区生产总值（亿元）	10149.49	49.4
工业	3756.73	48.2
第三产业	4436.27	54.3
三产结构	11.5∶44.8∶43.7	14.1∶46.1∶39.8
人均地区生产总值（万元）	5.48	1.49
固定资产投资（亿元）	10338.87	51.9
公共财政预算收入（亿元）	720.44	56.6
社会消费品零售总额（亿元）	4538.05	58.1
进出口总额（亿元）	1080.18	27.9
实际外商直接投资（亿美元）	17.63	64.4

表 5-2　2017 年南柳桂北城市群（带）工业发展主要指标

指标	城市带	占全区比例（%）
工业总产值（规模以上，亿元）	12974.3	49.3
轻工业	2931.5	41.8
重工业	10042.8	52.0
内资企业	10239.0	47.4
港澳台企业	1246.8	66.7
外资企业	1488.5	52.2
工业企业主营业务收入（亿元）	12045.9	50.7
工业企业利润总额（亿元）	744.4	45.0

表 5-3　2017 年南柳桂北城市群（带）教育资源情况

指标	城市带	占全区比重（%）
中职学校数（所）(注)	134	50.4
中职专任教师数（人）	14559	60.2
中职在校学生数（万人）	428757	59.8
高校数（所）	56	71.8
高校专任教师数（人）	36110	78.4
高校招生数（万人）	21.48	73.5

续表

指标	城市带	占全区比重（%）
高校在校学生数（万人）	73.51	77.9
高校毕业生数（万人）	16.77	77.3

注：中等职业学校数据来自《中国城市统计年鉴2017》，为2016年数据。

从各主要指标在全广西的比重来看，高校创新资源占比超过了全区的70%，外商直接投资、社会消费品零售总额等在60%左右，固定资产投资、工业企业主营收入占比均超过50%，GDP占比非常接近50%（见图5－1）。

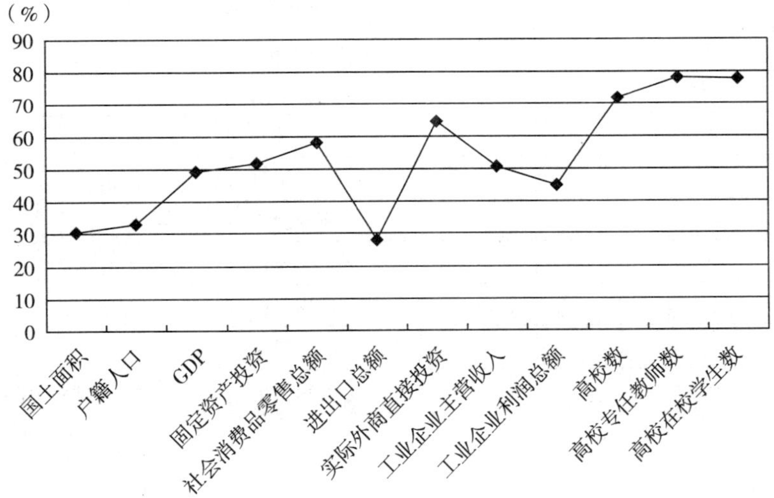

图5－1 南柳桂北城市群（带）主要指标占比情况

由于城市功能主要体现在市辖区（多数地级市均有地域更为广阔的县域经济腹地），我们具体分析一下南柳桂北城市群（带）市辖区主要指标，28.8%的地域面积拥有80.3%的科技人员（见表5－4）。

表5－4 2017年南柳桂北城市群（带）市辖区主要指标

序号	指标	城市带	占全区比重（%）
1	行政区域土地面积（平方公里）	14996.0	28.8
2	城镇人口（万人）	704.8	57.9
3	预算支出（亿元）	967.9	51.7
4	教育支出（亿元）	171.6	52.4
5	医疗卫生机构床位数（万张）	6.3	53.1
6	建成区面积（平方公里）	721.0	56.3

续表

序号	指标	城市带	占全区比重（%）
7	信息服务业从业人员（万人）	2.2	56.3
8	卫生技术人员数（万人）	9.5	56.3
9	教育从业人员（万人）	16.2	57.3
10	工业用地（平方公里）	124.2	57.7
11	规模以上利润总额（亿元）	641.5	60.5
12	执业（助理）医师数（万人）	3.4	60.9
13	公共图书馆图书藏量（万册）	1182.5	63.0
14	第三产业从业人员（万人）	90.6	63.5
15	规模以上工业总产值（亿元）	10756.7	63.6
16	地区生产总值（亿元）	7413.5	64.5
17	规模以上主营业务收入（亿元）	10005.7	64.7
18	固定资产投资（亿元）	7231.0	64.8
19	第三产业增加值（亿元）	3472.8	66.5
20	工业增加值（亿元）	2993.7	67.8
21	预算收入（亿元）	603.4	68.3
22	年末从业人员（万人）	176.8	68.8
23	制造业从业人员（万人）	31.3	69.5
24	社会消费品零售总额（亿元）	3639.0	70.2
25	科学技术支出（亿元）	14.4	74.1
26	当年实际使用外资金额（亿美元）	10.1	76.4
27	科技服务业从业人员（万人）	5.1	80.3

注：所占比重是南柳桂北城市带市辖区占全区所有地级市市辖区的比重。

从表 5－4 可见，南柳桂北城市带 4 市在全广西 14 个地级市中，明显具有更高的经济社会发展水平，在科教方面，优势更为明显。

第二节　创新型城市国家自主创新示范区建设

一、国家创新型城市建设与国家自主创新示范区的创建

根据科技部印发的《建设创新型城市工作指引》，创新型城市是以科技创新

为经济社会发展的核心驱动力，拥有丰富的创新资源、充满活力的创新主体、高效的创新服务和政府治理、良好的创新创业环境，对建设创新型省份和国家发挥显著支撑引领作用的城市（国科发创〔2016〕370号）。

中共中央、国务院印发的《国家创新驱动发展战略纲要》提出，建设创新型省份和创新型城市（中发〔2016〕4号）。建设创新型城市是加快实施创新驱动发展战略，完善国家创新体系和构建创新型国家核心支点的必然要求。2008年，深圳经国家发展改革委同意创建国家创新型城市，随后《深圳国家创新型城市总体规划（2008—2015）》发布，规划到2015年深圳率先建成国家创新型城市，成为有国际影响力的区域创新中心。到2018年4月，全国共有78个城市（或直辖市的城区）列入国家创新型城市试点建设名单，分布在全国31个省（区、市）（见表5－5）。

表5－5　国家创新型城市试点建设名单

序号	省（区、市）	数量	城市（区）名单
1	北京	1	海淀区
2	天津	1	滨海新区
3	河北	3	石家庄市、唐山市、秦皇岛市
4	山西	1	太原市
5	内蒙古	2	呼和浩特市、包头市
6	辽宁	2	沈阳市、大连市
7	吉林	2	长春市、吉林市
8	黑龙江	1	哈尔滨市
9	上海	1	杨浦区
10	江苏	11	南京市、常州市、连云港市、镇江市、南通市、泰州市、扬州市、盐城市、无锡市、苏州市、徐州市
11	浙江	6	宁波市、嘉兴市、杭州市、湖州市、绍兴市、金华市
12	安徽	3	合肥市、马鞍山市、芜湖市
13	福建	4	福州市、厦门市、泉州市、龙岩市
14	江西	3	南昌市、景德镇市、萍乡市
15	山东	6	济南市、青岛市、济宁市、烟台市、潍坊市、东营市
16	河南	3	郑州市、洛阳市、南阳市
17	湖北	3	武汉市、襄阳市、宜昌市

续表

序号	省（区、市）	数量	城市（区）名单
18	湖南	2	长沙市、株洲市、衡阳市
19	广东	4	广州市、深圳市、佛山市、东莞市
20	广西	1	南宁市
21	海南	1	海口市
22	重庆	1	沙坪坝区
23	四川	2	成都市、汉中市
24	贵州	2	贵阳市、遵义市
25	云南	2	昆明市、玉溪市
26	陕西	2	西安市、宝鸡市
27	甘肃	1	兰州市
28	宁夏	1	银川市
29	青海	1	西宁市
30	新疆	3	乌鲁木齐市、昌吉市、石河子市
31	西藏	1	拉萨市

随着我国国家创新体系的建设和完善，创新型省份、创新型城市、创新型县（市）三级区域有了新布局，为此，国家科技部先后专门发布了《建设创新型省份工作指引》（国科发创〔2016〕111 号）、《建设创新型城市工作指引》（国科发创〔2016〕370 号）、《创新型县（市）建设工作指引》（国科发农〔2018〕130 号）。创新型省份建设于2016 年启动，截至2018 年底，科技部已发函支持江苏、安徽、陕西、浙江、湖北、广东、福建、四川、湖南 9 个省份建设创新型省份，力争 2020 年前率先进入创新型省份行列，为实现高质量发展和建设创新型国家提供有力支撑。2018 年 12 月科技部公布了首批 52 个创新型县（市）建设名单（国科发农〔2018〕301 号），广西桂林市荔浦县（市）以“科技支撑产业发展”的主题成为广西唯一的国家创新型县（市）。而创新型城市建设是我国国家创新体系三级区域创新中的核心环节，城市创新是我国创新活动最密集的地域，向上支撑着创新型省份建设和创新型国家建设，向下又带动创新型县（市）建设。因此，国家创新型城市试点建设工作最早在 2008 年即已启动，并在 2010 年出台了《创新型城市建设监测评价指标（试行）》（国科发体〔2010〕155 号）

指导创新型城市建设和评估。

《建设创新型城市工作指引》指出国家创新型城市建设重点任务之一就是抓创新载体的建设，将国家自主创新示范区、高新技术产业开发区作为建设创新型城市的核心载体和重要平台。并强调发挥“地方主体”的作用，加强省市共建，发展创新型城市群。因此，国家自主创新示范区与国家创新型城市建设之间，有着紧密的关联，在具体建设内容上，诸多方面甚至有着同一性。从我国国家自主创新示范区和国家创新型城市建设的具体城市来看，20 个国家自主创新示范区所在的 52 个城市中，有 38 个是国家创新型城市建设试点城市（约占 3/4），而所有的国家自主创新示范区所在的城市（或城市群）中，至少有 1 个以上的国家创新型城市建设试点城市（见表 5－6）。而 78 个国家创新型城市建设试点城市中，约一半城市（38 个）正在建设国家自主创新示范区。

表 5－6　国家自主创新示范区与创新型城市对应情况

区域	省级行政区	示范区	所在城市	其中创新型城市（区）
东部（10）	北京（1）	中关村	北京	海淀区
	上海（1）	上海张江	上海	杨浦区
	江苏（1）	江苏苏南	南京、苏州、无锡、常州、昆山、江阴、武进、镇江	南京、苏州、无锡、常州、镇江
	天津（1）	天津	天津	滨海新区
	浙江（2）	杭州	杭州	杭州
		宁温	宁波、温州	宁波
	广东（2）	深圳	深圳	深圳
		珠三角	广州、中山火炬、东莞松山湖、佛山、惠州、珠海、肇庆、江门	广州、佛山、东莞
	山东（1）	山东半岛	济南、青岛、淄博、潍坊、烟台、威海	济南、青岛、潍坊、烟台
	福建（1）	福厦泉	福州、厦门、泉州	福州、厦门、泉州
中部（4）	湖北（1）	武汉东湖	武汉	武汉
	湖南（1）	长株潭	长沙、株洲、湘潭	长沙、株洲、湘潭
	河南（1）	郑洛新	郑州、洛阳、新乡	郑州、洛阳
	安徽（1）	合芜蚌	合肥、芜湖、蚌埠	合肥、芜湖

续表

区域	省级行政区	示范区	所在城市	其中创新型城市（区）
西部（5）	四川（1）	成都	成都	成都
	陕西（1）	西安	西安	西安
	重庆（1）	重庆	重庆	重庆
	甘肃（1）	兰白	兰州、白银	兰州
	新疆（1）	乌昌石	乌鲁木齐、昌吉、石河子	乌鲁木齐、昌吉、石河子
东北（1）	辽宁（1）	沈大	沈阳、大连	沈阳、大连
合计		20	52	38

二、南宁国家创新型城市建设及创新发展成效

2009 年 3 月，南宁出台了《南宁市建设创新型城市工作实施方案》。2010 年 5 月，南宁成为广西首个和目前唯一的国家创新型试点城市，南宁创新型城市建设迈入新的历史阶段（杨乐，2010）。南宁市不断突破瓶颈优化环境，科技创新为高质量发展注入新动能。

2014 ~ 2018 年，南宁高新技术企业持续增长，2018 年南宁高新技术企业保有量达 750 家，高新技术企业总数占全区比例为 40.2%，居于全区各地市首位（见表 5 - 7 和图 5 - 2）。有 28 家世界 500 强企业、49 家中国 500 强企业、47 家国内行业重点企业入驻南宁。

表 5 - 7　2014 ~ 2018 年南宁市高新技术企业情况一览

相关指标	2014 年	2015 年	2016 年	2017 年	2018 年
高企保有量（家）	178	234	303	451	750
当年新认定高企数（家）	58	93	125	218	411
高企保有量增速（%）	21.1	31.5	29.5	48.8	66.3
全区高新技术企业总量（家）	538	641	830	1204	1868
占全区高企总量的比例（%）	33.1	36.5	36.5	37.5	40.2

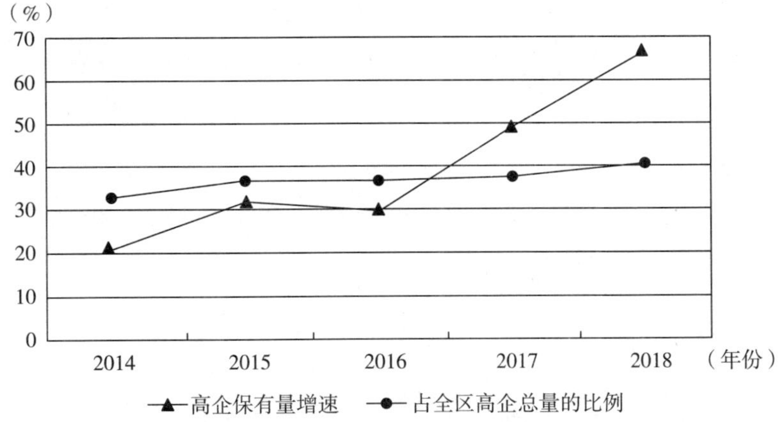

图 5-2　2014～2018 年南宁市高新技术企业数量增长情况

2018 年，南宁每万人口发明专利拥有量达 9.73 件，虽然低于全国每万人口发明专利拥有量达到 11.5 件的水平，但已经接近 2017 年我国每万人口发明专利拥有量达 9.8 件的水平，远高于 2017 年广西每万人口发明专利拥有量达到 3.81 件的水平。

2 家企业获批国家企业技术中心，实现了南宁“零”的突破。全市共有国家级研发平台 6 个，自治区级重点实验室 53 家、工程技术研究中心 114 家，院士工作站 69 家、博士后工作站 20 个，自治区级以上科技孵化器 10 家、众创空间 19 个，农业科技园区 5 个，星创天地 26 个。

2018 年全市共有 298 家企业通过自治区组织的科技型中小企业评价，占全区总量的 32.71%。全市共有国家知识产权示范企业 1 家，国家和自治区知识产权优势企业 94 家，通过《企业知识产权管理规范》的企业 26 家。2016 年以来，全市获自治区科技成果登记 1100 多项，技术合同认定登记超过 4000 项、合同交易总额超过 200 亿元。

为拓宽“一带一路”国际科技合作渠道，中国—东盟科技合作不断深入。组织企业参加柬埔寨、越南、泰国、老挝等双边或多边科技展览交易会，累计达成合作 100 余项。建立有国家和自治区级的国际科技合作基地 19 家①。

① 南宁市科学技术局．我市召开 2018 年南宁市科技创新发展情况新闻发布会［EB/OL］．http://kjj.nanning.gov.cn/kjgl_13355/kjdt/nnkj/t1587003.html，2019-01-11.

科技体制改革不断深化，为深入研究解决制约创新发展的体制机制问题，制定了《关于提升自主创新能力促进产业优化升级发展的若干政策措施》《南宁市科技项目经费后补助管理办法（试行）》《南宁市新型产业技术研究机构建设与资助管理办法》。

科技创新支撑产业发展，大力支持企业在电子信息制造、先进机械装备制造、生物医药产业三大重点产业和节能环保、新能源、新材料等战略性新兴产业领域开展科技创新；加大对产业技术创新的研究和优秀科技成果及人才的引进，提升优化南宁产业布局，促进产业转型升级。南宁·中关村创新示范基地产业集群竞争力不断提升并获批为广西首个国家级双创示范基地①。

到2019年1月，南宁市共建成运营科技企业孵化器19家，总孵化面积75万平方米，在孵企业、团队1000多家，累计孵化毕业企业430多家，创业带动就业近20000人。广西“瞪羚企业”19家，数量居全区第一。工程技术研究中心141家（国家级1家、自治区级99家、市级41家），重点实验室45家（国家级2家、自治区级43家）。

第三节　南柳桂北城市群（带）创新一体化协同机制

一、城市创新系统与创新型城市群

城市创新系统，是指在以城市为中心的区域内，各种与创新相联系的主体要素（创新的机构和组织——企业、政府、大学、科研机构和中介组织）、非主体要素（创新所需的物质、资源条件）以及协调各要素之间关系的制度和政策在创新过程中相互依存、相互作用而形成的社会经济系统（赵黎明、李振华，2003）。创新型城市是国家创新体系中的重要空间形态，作为一种新型城市形态，创新型城市是以创新为核心驱动力的城市发展模式。创新型城市把“创新”作

① 冯梓剑．科技创新为南宁高质量发展注入新动能［N］．南宁日报，2019－01－12（1－2）．

为一种科学思想方法和社会实践方法运用到城市整体建设中，将创新发展战略提升到城市主导发展战略的高度，并能有效地整合城市产业创新、管理创新、科技创新和服务创新能力等创新要素，与周边地区和城市协调发展，从而形成具有极强创新能力和综合竞争力的城市（胡树华、牟仁艳，2006）。创新型城市群作为一种特殊的经济空间组织形式，其发展往往以新型工业化为背景，以综合创新为核心推动力，以空间结构优化、支撑体系建设和总体功能完善为重点，强调多主体协同联动，采用经济、社会、生态、文化“四位一体”的发展模式（胡斌、陈晓红、王小丁，2009）。

创新型城市群充分发挥每个城市的优势，将多个创新型城市的创新要素进行合理的配置，形成了更为完整的区域创新网络。成功的创新型城市往往会利用社会网络联系形成创新集群，构建大学、政府与监管中心、技术中心和金融中心四位一体的创新集群模型。创新城市群可以利用集群网络和全球价值链，集中体现产业分工和产业集聚在集群创新中的重要作用，促进人才、要素和知识流的空间集聚。集群城市之间会产生巨大的整合效应，城市之间的创新协作以及空间组合的演变会呈现复杂的空间网络特征和多样的空间演变，出现众多的创新圈和次级创新中心城市。其中，经济发展能力强的城市往往在合作创新和协同创新中占据核心区位，对其他城市创新影响较大。随着创新网络的不断扩大，开放性、异质性和非线性等因素会影响城市群协同创新的主体、过程和效果。但是，创新城市在集群创新过程中也存在很多问题，诸如政策缺位、协同能力弱、城市之间发展模式趋同、互补性较差等，需要充分发挥政府政策作用，加强城市之间的产业联系和产业集聚，促进城市协同创新平台的建设（魏先彪，2017）。

从城市群的发展来看，创新协同越来越成为城市群能发展到何种水平的关键因素。从进入“十三五”后，唯有重庆国家自主创新示范区未设置在单一城市可以一见端倪。重庆市作为直辖市，重庆国家自主创新示范区之所以是以单个城市单个高新区进行建设，这与我国国家自主创新示范区事实上的不跨越省级行政区域有关。

二、创新型城市群与“创新走廊”模式

国际上著名的创新区域，通过一条或多条高速公路作为重要连接轴建设创新

走廊，成为多城跨区域创新合作的一种重要模式，即“创新走廊”模式。“创新走廊”是科研机构和产业组织在一个地域范围内集聚，并进行高密度创新活动，从而对科技成果产出形成了倍增效应。最早成熟“创新走廊”的是美国101高速“圣塔克拉拉谷”（耳熟能详的“硅谷”），是全球创新所津津乐道的成功典型，当然也有美国128公路不很成功的例子。这种“创新走廊”的发展形态多样，有“谷”有“带”，也可以是成“城”或“区”，都是通过集聚和分配区域内外优质创新资源、营造良好的创新创业氛围，以强化科技创新对区域经济转型发展的推动作用，是科技与产业集聚发展、协同创新的一种高效形态。“创新走廊”有助于在最大限度上集聚创新人才，整合创新资源，营造良好的创业创新氛围，实现区域创新驱动发展。因此，通过建设“创新走廊”推动区域创新发展已成为发达国家和地区的普遍做法（汤临佳、李翱、池仁勇，2017）。

“创新走廊”建设需谋划基础设施、科技园区、高教网络、创业园区、明星企业大道等核心板块的无缝对接，提升“创新走廊”内创新资源的有效流动和协同发展，其发展范式如图5－3所示（汤临佳、李翱、池仁勇，2017）。从国内来看，诸如长三角、珠三角、山东半岛城市群，无论是否跨越省级行政区域，为提升在全球城市群中的竞争力，均在加速推进区域协同创新发展。

2016年，沪嘉杭G60科创走廊设想被提出（王涛，2016），并发展到2019年的G60科创走廊3.0升级版。从最初的上海松江“一廊九区”，到2.0版的沪嘉杭联动，再到上海松江区、浙江省嘉兴、杭州、金华，江苏省苏州、浙江省湖州、安徽省宣城、芜湖、合肥9地市的G60科创走廊3.0版，城市群协同创新不断扩容、升级（其空间布局规划如图5－4所示）。

从国际上的创新走廊和国内区域合作的案例来看，区域创新协同是科创走廊建设的关键，是走廊“建与不建”的最大差别（陈文强，2017）。G60科创走廊沿线形成了长三角经济发展最具活力、开放程度最高、创新能力最强的城市群，构筑了长三角高质量一体化发展的先发优势，有利于推动长三角地区高质量发展。2018年，九城市研发投入达到1598亿元，发明专利授权38202项、拥有授权专利28万项，拥有高新技术企业15816家，国家、省级重点实验室及工程技

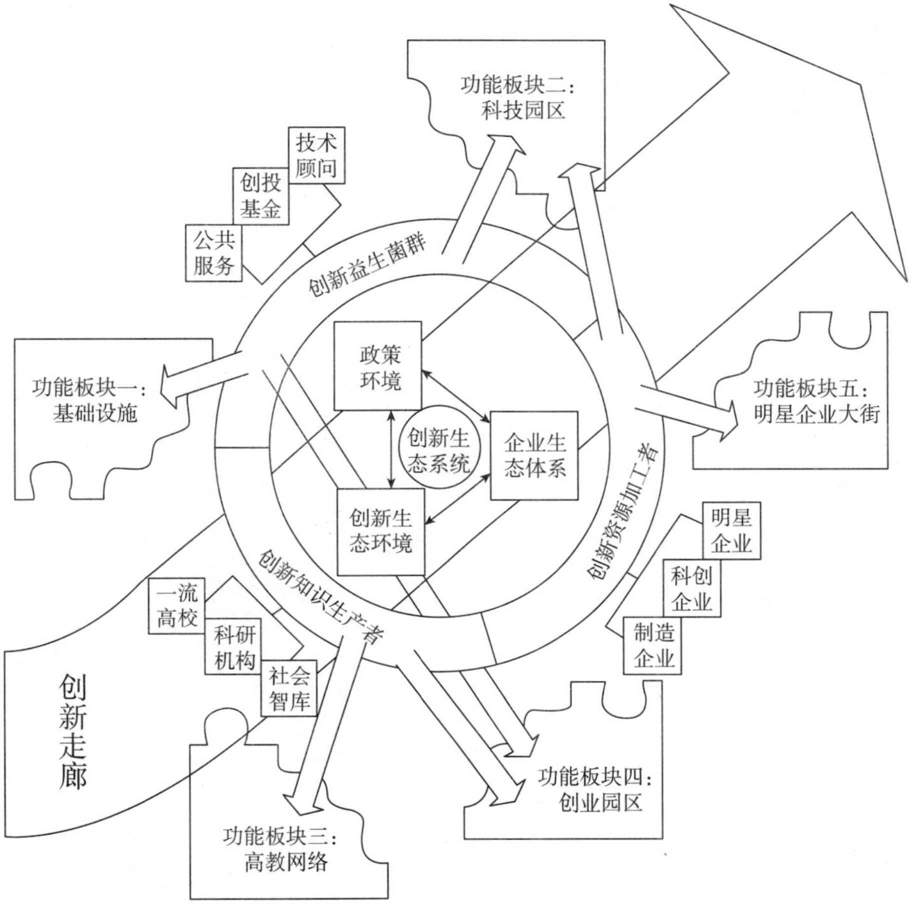

图 5－3 “创新走廊”发展范式

术研究中心 1262 个，各级孵化器、众创空间 147 家[①]。根据《长三角地区一体化发展三年行动计划（2018—2020）》，科技创新是实现长三角地区 2020 年基本形成世界级城市群框架、未来成为具有全球竞争力的世界级城市群等战略目标的 12 个合作领域之一；而形成协同创新体系，打造科技创新高地，是其重要手段。

① 包海波，潘家栋．以 G60 科创走廊促长三角一体化［N］．浙江日报，2019－03－07（009）．

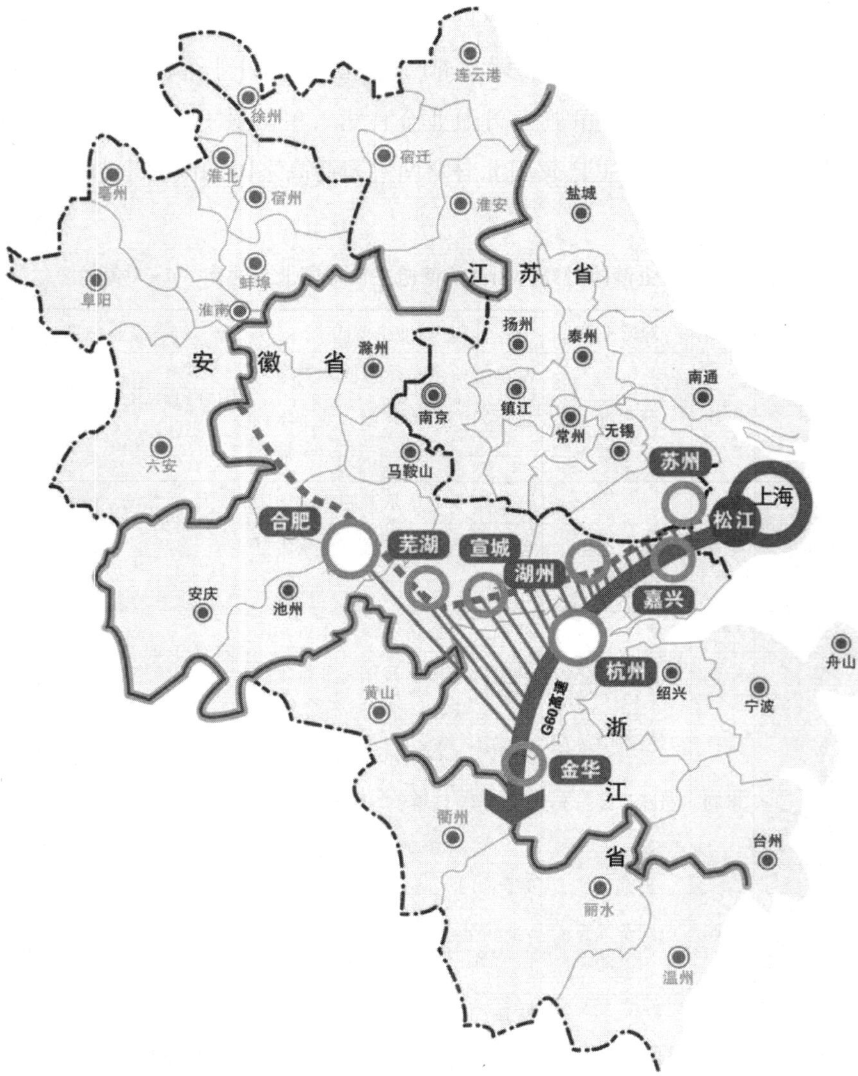

图 5－4　G60 科创走廊 3.0 版空间布局规划

资料来源：《G60 科创走廊总体发展规划 3.0 版》。

2017 年 9 月，广东省委、省政府印发《广深科技创新走廊规划》（粤发〔2017〕20 号），沿广深高速、广深沿江高速、珠三环高速东段、穗莞深城际、广九铁路等复合型交通要道规划“广深科技创新走廊”，形成长度约 180 公里的创新要素集聚区域。广深科技创新走廊形成“一廊十核多节点”的空间格局

（见图5－5），打造中国“硅谷”，形成全国创新发展的重要一极，全面支撑国家科技产业创新中心和粤港澳大湾区建设。

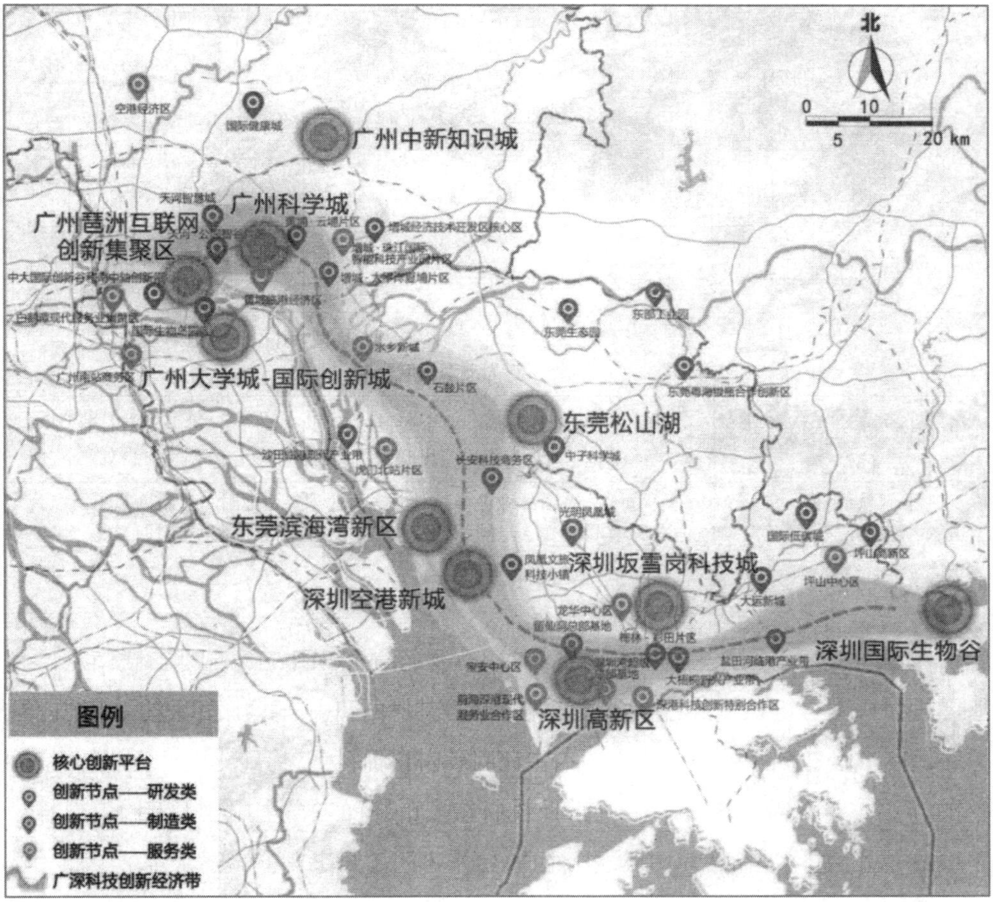

图5－5 广深科技创新走廊空间结构

2019年2月，中共中央、国务院印发《粤港澳大湾区发展规划纲要》，进一步提出：推进“广州—深圳—香港—澳门”科技创新走廊建设。经由港珠澳大桥的跨海连接，广深科技创新走廊跨越珠江出海口，延伸至香港、澳门、珠海，建设具有全球影响力的国际科技创新中心。

三、南柳桂北城市带“创新走廊”协同创新

南柳桂北城市带是基于城市间的 G72 高速（至北海为 G75）及湘桂高铁（至北海为北部湾高铁）形成的广西经济和创新发展中轴线，具有形成“创新走廊”的基本条件。其中，南宁市处于南柳桂北城市带“创新走廊”核心地位，目标是建设面向东盟的区域性创新中心；桂林和柳州是次级创新中心，桂林建设区域性研发类创新中心，柳州建设区域性制造类创新中心；长期来看，该“创新走廊”增加来宾、钦州、防城港，与北海一起形成数个创新节点，最终形成“一核两中心四节点”的空间结构。

南柳桂北城市带“创新走廊”作为区域一体化创新体系，有助于打破城市间的行政壁垒，加强城市间创新协作，整合创新资源并优化配置，从而推动创新走向更高水平。南柳桂北城市带“创新走廊”协同创新一体化发展，在广西的创新驱动发展战略实施中，具有引领发展的特殊优势。

经济发展总量方面，南柳桂北城市带行政区域土地面积 7.24 万平方公里，占全区的 30.4%；户籍年末总人口 1852.97 万人，占全区的 33.1%。但在经济发展规模方面优势明显，2017 年地区生产总值总计达 10149.5 亿元，占全区的 49.4%；规模以上工业总产值 12974.3 亿元，占全区的 49.3%；工业企业主营业务收入 12045.9 亿元，占全区的 50.7%。

科技创新资源方面，南柳桂北城市带 4 市 2017 年有高校 56 所、高校专任教师数 3.6 万人、在校学生数 73.51 万人，分别占全区的 71.8%、73.5%、77.9%。科技服务业从业人员 5.1 万人，占全区的 80.3%；科学技术支出 14.4 亿元，占全区的 74.1%。

创新平台方面，南柳桂北城市带 4 市有：广西全部国家高新区（也是仅有的 4 个自治区级自主创新示范区，其中 3 个是创新型特色园区）、全部 2 个国家知识产权试点城市、全部 2 家国家知识产权试点园区、全部 6 家国家高新技术产业化基地、唯一的国家创新型城市（南宁）、唯一的国家创新型县（市）等。拥有全部 10 家国家级科技企业孵化器、20 家国家备案众创空间中的 15 家、全部 11 家国家级小型微型企业创业创新示范基地等。

当然，在我国，跨地级市以上的行政区域，同步协调相对难度较大，因此作

为跨行政区域的城市群国家自主创新示范区建设，南柳桂北城市带创建国家自主创新示范区也存在一些城市群模式下国家自主创新示范区的共有难点：各市之间具有较强的行政壁垒（也包括存在的空间距离）、各高新区之间创新功能定位同质化问题突出（尤其是首府南宁对其他城市应有功能的覆盖）、各市之间创新资源有较大差异（比如南宁和北海之间的差异）、各市之间的创新政策存在一定差异，以及难以形成鼓励跨区域合作与协同创新的绩效评估与考评体系（刘剑、陶应虎，2017）。因此，南柳桂北城市带“创新走廊”协同创新一体化，应形成以下主要机制：

（1）创建示范区的动力机制。国家自主创新示范区作为一个开放式区域创新系统，在市场机制尚未完全成熟的环境下，政府导向和市场需求共同构成了南柳桂北国家自主创新示范区建设的根本性动力。建立微观层面企业面对市场需求的创新驱动和宏观层面的政府导向驱动这两大根本动力的协同，并形成企业、研究机构、中介服务机构、高新区、市级和自治区政府部门 5 个层面的国家自主创新示范区建设利益相关主体良性传导的“五螺旋”动力机制。相对于大学—企业—政府这一传统的三螺旋结构而言，五螺旋结构更为完整。而其中企业作为技术创新的主体，在市场导向下如何激发其创新动力是动力机制的关键。强化知识产权保护，形成知识创新溢出效应内在化的合理机制，激发研究机构的知识创新动力是动力机制的另一个关键。

（2）产业创新协同机制。南宁、柳州、桂林、北海 4 市及其国家高新区，建立各具特色的新兴产业发展战略及方向，并形成技术链、知识链、商业化链、行政链和服务链耦合的产业链逻辑。通过城市内部创新链和产业链的相互匹配、城市间的合理定位和分工，实现城市群产业创新和区域创新一体化。尤其是形成产业中高端化驱动的高新技术产业关键共性技术合作创新和面向东盟的产业创新中心建设，通过开放式创新的多层次协同和多层治理机制，构建南柳桂北国家自主创新示范区产业创新一体化协同机制。

（3）创新网络协同机制。南柳桂北国家自主创新示范区内有着创新示范区、创新基地、创新型园区、综合试验区等各类各级创新发展平台，这些平台是示范区创新网络的重要载体，促使示范区各市本地的创新网络向超本地化城市群及开放式创新网络的演化，并形成从横向（同层级之间）和纵向（创新链上下游之间）合作研究、技术授权、商业合作、风险投资和战略联盟。具体来说，通过合作申报完成重大科研项目、共建协同创新中心和重点实验室等多种形式，推进优质创新资源协同建设，促进南柳桂北城市带内高校及科研机构之间的互动合作和优势互补。发挥政府、中介组织等机构在跨城市及高新区整合过程中的协调作用，运用产业联盟和各种技术联盟构建南柳桂北城市带内的协同创新网络。

（4）创新创业环境和政策协同。从示范区整体层面统筹南宁、柳州、桂林、北海城市和高新区合用的创新创业政策和环境，形成南柳桂北国家自主创新示范区创新一体化发展环境。统筹规划通信、交通、能源、生态等基础设施建设，打造一体化、同城化交通运输体系和信息服务体系。进一步推进科技资源的开放共享，提升大型科学仪器设备平均利用率以及专利信息、工程文献信息等新增资源量和开放服务量。统筹推进会展中心、产业信息中心、产品检测中心和人才培训中心等共享性基础设施建设，避免重复投资建设，构建创新一体化环境体系。

（5）区域创新协调机制。由广西壮族自治区、南柳桂北 4 市成立的协调机构，共同组织制定和发布南柳桂北城市带各项战略、规划与计划，协调解决南柳桂北城市带创建国家自主创新示范区的重大关键问题。鼓励整合或重新组建涵盖南柳桂北城市带 4 市的区域性行业协会，协调各产业发展。通过组织召开南柳桂北城市带合作与发展论坛，促进形成官学产研互动交流与协调合作。

（6）创新一体化评估与考评体系。完善南柳桂北城市带综合政策体系，保证政策的统一性、协调性、权威性、有效性。各市及国家高新区创建国家自主创新示范区的考核体系增加一定量的创新一体化发展指标，如规划布局情况、一体化基础设施与平台建设情况、人才流动与引进情况、创新要素开放共享情况等指标。

第六章　关键协同之三：产业创新与区域创新协同共进

第一节　国家自主创新示范区的区域创新与产业发展

一、区域创新系统及其开放性

区域创新系统是在一定地域空间，将新的区域经济发展要素或这些要素的新组合引入区域经济系统内，创造的一种新的更为有效的资源配置方式，实现新的系统功能，从而推动产业结构升级，形成区域竞争优势，促进区域经济跨越式发展（顾新，2001）。与国家创新系统相对应，这里所谓的“一定地域空间”，既可以是一个省、一个地级市、一个县级市，也可以是一个高新区、一个国家自主创新示范区等。因此，按照区域创新系统“区域边界”的界定（Cooke，1997；朱晓霞，2008），国家自主创新示范区作为我国产业发展和科技创新的“特区”，具有相对独立的区域创新系统。区域创新系统各组成要素之间的相互联系以及系统与环境的相互作用，决定了区域创新系统具有客观性、多样性、整体性、自组织性和开放性等特征。区域创新系统的开放性是指：区域创新系统的边界是开放的，可以在更广阔的范围内实现技术、人才和知识等资源的高效配置。区域创新系统的开放性决定了区域既可以通过从区外甚至国外引进创新资源，提高本区域的创新能力和水平，也可以向区外扩散创新。因此，区外的科研机构、高等院校和企业，在参与本区域创新活动期间，也应包括在区域创新系统之内（顾新，2002）。

从较早开始研究的高新技术开发区来看，北京中关村国家高新区可以视为一个独立的小型区域创新系统，科技园区可以强化与研发机构、高等院校合作的“内向型开放式创新”（Tann，2005）。胡树华研究团队开创性地构建了区域创新系统“四三结构”模型（胡树华等，2009），进而提出了基于创新投入产出链的国家高新区创新系统“四三结构”模型（解佳龙、胡树华，2014），整个区域创新系统包含：国家高新区创新主体（高科技企业、政府、大学及科研机构）、创新投入（人才、资金、知识）、创新内容（制度创新、管理创新、科技创新）、创新产出（产品、产业、环境）“四三结构”共 12 类创新要素，而中介服务、市场需求、金融支持、原料供应等均为系统外围环境（见图 6 –1）。

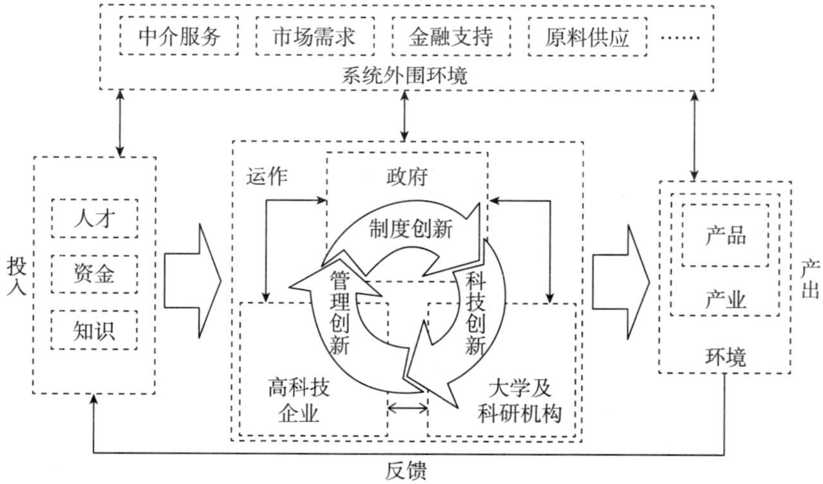

图 6 –1　国家高新区创新系统“四三结构”模型

综合开放式创新和区域创新的理论成果可以发现，创新开放度对区域内部企业创新绩效有显著影响，区域创新系统应是“开放式区域创新系统”（Belussi 等，2010）。限定区域（如县域、省域）的创新系统，除了有要素特征、结构特征、制度特征三大基本特征外，还具有层次性协同和超本地网络两个外延特征，因此是开放的创新体系，一起构成了包含超本地网络的开放式区域创新系统模型（魏江，2010）（见图 6 –2）。

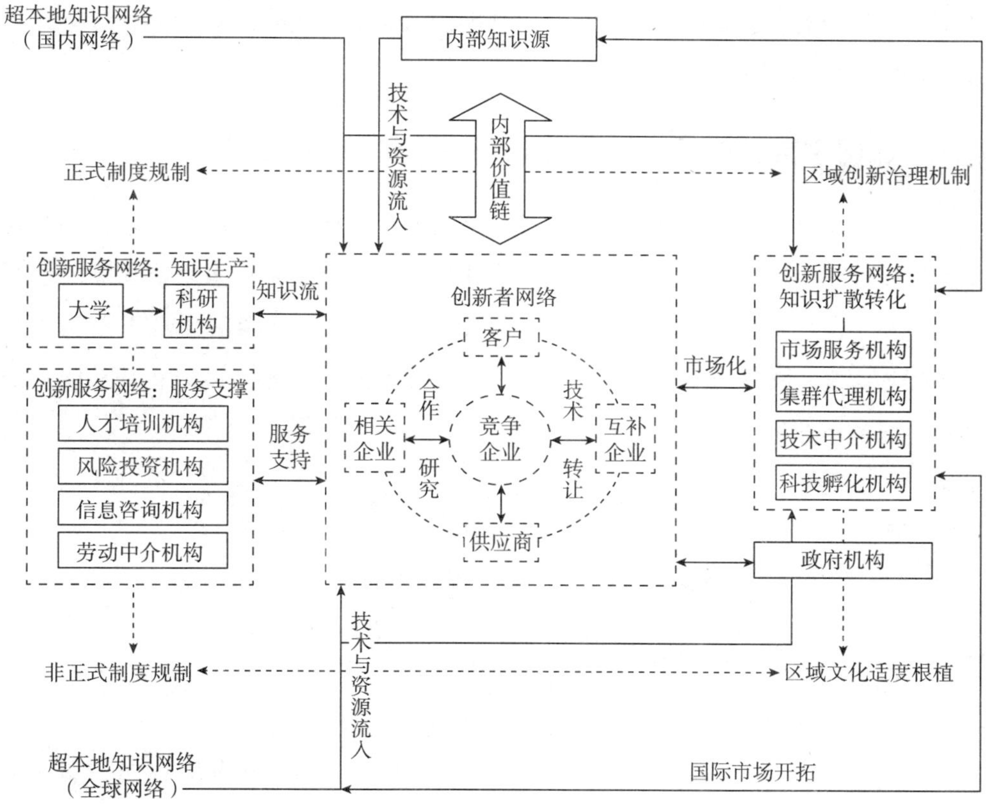

图 6-2　开放式区域创新系统模型

通过分析创新的五大行为主体（政府部门、企业、研发机构、创新服务机构、金融服务机构），可以建立“二五结构”的区域开放创新系统功能要素框架模型（包含区域内外两种创新资源和政策环境、技术创新、知识创新、创新服务、金融服务五个开放创新维度），通过该模型可以发现，区域创新发展的资源渠道源于区域内外的两种创新资源，并且同等重要（严建援、杨银厂，2015）。

在复杂的开放式区域创新系统结构中，作为三大“创新产出”之一的“产业创新”，是区域间创新协同的核心和关键。中观层面的产业创新，向下促进微观层面的企业创新形成产业集群发展优势，向上使宏观层面地方政府（甚至国家层面）创新政策有了具体指向。区域创新政策（三大“创新产出”之一的“环境创新”），往往在产业层面确定目标对象，尤其是战略性新兴产业及高新技术产业。如前述“G60 科创走廊 3.0 升级版”这类典型的开放式区域创新系统，分属上海、江苏、浙江、安徽四省市的九地市联合提出在人工智能、集成电路、生物医药、高端装备、新能源、新材料、新能源汽车七大战略性新兴产业，推进产业创新一体化协同发展。

二、国家自主创新示范区建设与高新技术产业发展

国家自主创新示范区是以国家高新区为核心创建的一个区域创新系统，而国家高新区正是我国高新技术产业发展的集中区域，因此国家自主创新示范区建设与高新技术产业发展有着天然的密切关系。根据公开的20个国家自主创新示范区的规划纲要、实施方案、行动计划等文件，我们梳理了现有20个国家自主创新示范区的产业发展重点（见表6－1）。

表6－1　现有20个国家自主创新示范区的产业发展重点

区域	省级行政区	国家自主创新示范区	产业重点
东部（10）	北京（1）	中关村	前沿信息、生物健康、智能制造和新材料、生态环境和新能源、现代交通、新兴服务[a]
	上海（1）	上海张江	新一代信息技术、高端装备制造、生物医药、节能环保、新材料
	江苏（1）	江苏苏南	智能制造、新能源、新材料、新一代信息技术、生物医药、节能环保
	天津（1）	天津	高端装备制造、新能源与新能源汽车、新一代信息技术、生物医药
	浙江（2）	杭州	电子信息制造、软件与信息技术服务、大数据和云计算、数字内容、网络安全，高端装备制造、大健康、金融服务、文化创意、旅游休闲和时尚
		宁温	宁波：新材料、智能制造，温州：生命健康、智能装备
	广东（2）	深圳	生物、互联网、新能源、新材料、文化创意、新一代信息技术、节能环保
		珠三角	先进装备制造、先进材料制造、先进电子信息制造，生产性服务，下一代互联网、物联网、云计算、智能机器人、增材制造（3D打印）、可穿戴设备
	山东（1）	山东半岛	海洋工程装备、海洋生物基材料、海洋生物医药、绿色海洋化工、海洋信息服务
	福建（1）	福厦泉	福州：光电显示、集成电路、大数据、生物技术，厦门：集成电路、软件与信息服务业、光电子、生物医药，泉州：微波通信、存储器、机械装备、太阳能光伏、精细化工

续表

区域	省级行政区	国家自主创新示范区	产业重点
中部（4）	湖北（1）	武汉东湖	光电子信息，生物、节能环保、高端装备制造，现代服务
	湖南（1）	长株潭	高端装备、新材料、新一代信息技术、生物（健康与种业）、文化创意，移动互联网、绿色建筑、北斗卫星导航应用、节能环保、高技术服务
	河南（1）	郑洛新	装备制造、新能源和新能源汽车、生物医药、现代物流
	安徽（1）	合芜蚌	新型显示、集成电路、智能语音、新能源汽车、硅基新材料、机器人、现代农机、生物医药和高端医疗器械、创意文化、通用航空
西部（5）	四川（1）	成都	新一代信息技术、生物医药、高端装备及智能制造，科技服务、金融服务、知识产权服务，临空产业
	陕西（1）	西安	半导体，下一代汽车、能源装备、创新型服务，生命健康、网络科技安全、机器人
	重庆（1）	重庆	石墨烯新材料、电子信息、生物医药、高端装备、高技术服务、现代物流
	甘肃（1）	兰州白银	生物医药、新材料、先进装备制造、节能环保、信息技术及软件、新能源、现代服务
	新疆（1）	乌昌石	乌鲁木齐：安防信息、智能制造、生物医药、新材料，昌吉：先进装备制造、生物技术、节能环保、新材料，石河子：通用航空、大数据信息、智慧农业
东北（1）	辽宁（1）	沈大	高档数控机床、船舶和海洋工程装备、航空装备、能源装备，机器人、新一代信息技术、新材料

注：a 此为 2016 年发布的发展建设规划（2016 ~ 2020 年）的 6 大产业，原 2011 年发布的发展规划纲要（2011 ~ 2020 年）列明了电子信息、生物、新能源和节能环保、新能源汽车、新材料、装备、航空航天、文化创意新兴产业 8 大产业。

虽然部分国家自主创新示范区规划纲要、实施方案、行动计划等在产业创新方面涉及了传统产业的优化提升，但主要的产业创新内容是在如何发展高新技术产业、战略性新兴产业。按照“国家重点支持的高新技术领域”（国科发火〔2016〕32 号）所列电子信息、生物与新医药、航空航天、新材料、高技术服务、新能源与节能、资源与环境、先进制造与自动化八大产业，及《战略性新兴产业分类（2018）》（国家统计局令第23号）所列新一代信息技术产业、高端装备制造产业、新材料产业、生物产业、新能源汽车产业、新能源产业、节能环保产业、数字创意产业、相关服务业九大领域进行分类，上述我国现有20个国家自主创新示范区有关发展规划及实施方案等列明的144个产业名称中，仅有成都国家自主创新示范区所列“临空产业”因其产业指向不明确，而无法列入我国高新技术领域或战略性新兴产业（见表6－2）。

表6－2　国家自主创新示范区主要产业对照

序号	主要产业	高新技术领域	战略性新兴产业分类
1	前沿信息	一、电子信息	一、新一代信息技术产业
2	生物健康	二、生物与新医药	四、生物产业
3	智能制造和新材料	八、先进制造与自动化	二、高端装备制造产业
4	生态环境和新能源	六、新能源与节能	六、新能源产业
5	现代交通	八、先进制造与自动化	二、高端装备制造产业
6	新兴服务		九、相关服务业
7	新一代信息技术	一、电子信息	一、新一代信息技术产业
8	高端装备制造	八、先进制造与自动化	二、高端装备制造产业
9	生物医药	二、生物与新医药	四、生物产业
10	节能环保	六、新能源与节能	七、节能环保产业
11	新材料	四、新材料	三、新材料产业
12	智能制造	八、先进制造与自动化	二、高端装备制造产业
13	新能源	六、新能源与节能	六、新能源产业
14	新材料	四、新材料	三、新材料产业
15	新一代信息技术	一、电子信息	一、新一代信息技术产业
16	生物医药	二、生物与新医药	四、生物产业
17	节能环保	六、新能源与节能	七、节能环保产业
18	高端装备制造	八、先进制造与自动化	二、高端装备制造产业
19	新能源与新能源汽车	六、新能源与节能	五、新能源汽车产业
20	新一代信息技术	一、电子信息	一、新一代信息技术产业
21	生物医药	二、生物与新医药	四、生物产业
22	电子信息制造	一、电子信息	一、新一代信息技术产业

续表

序号	主要产业	高新技术领域	战略性新兴产业分类
23	软件与信息技术服务	五、高技术服务	一、新一代信息技术产业
24	大数据和云计算	五、高技术服务	一、新一代信息技术产业
25	数字内容	五、高技术服务	八、数字创意产业
26	网络安全	一、电子信息	一、新一代信息技术产业
27	高端装备制造	八、先进制造与自动化	二、高端装备制造产业
28	大健康		四、生物产业
29	金融服务		九、相关服务业
30	文化创意		八、数字创意产业
31	旅游休闲和时尚		八、数字创意产业
32	新材料	四、新材料	三、新材料产业
33	智能制造	八、先进制造与自动化	二、高端装备制造产业
34	生命健康	二、生物与新医药	四、生物产业
35	智能装备	八、先进制造与自动化	二、高端装备制造产业
36	生物	二、生物与新医药	四、生物产业
37	互联网	一、电子信息	一、新一代信息技术产业
38	新能源	六、新能源与节能	六、新能源产业
39	新材料	四、新材料	三、新材料产业
40	文化创意		八、数字创意产业
41	新一代信息技术	一、电子信息	一、新一代信息技术产业
42	节能环保	六、新能源与节能	七、节能环保产业
43	先进装备制造	八、先进制造与自动化	二、高端装备制造产业
44	先进材料制造	四、新材料	三、新材料产业
45	先进电子信息制造	一、电子信息	一、新一代信息技术产业
46	生产性服务		九、相关服务业
47	下一代互联网	一、电子信息	一、新一代信息技术产业
48	物联网	一、电子信息	一、新一代信息技术产业
49	云计算	一、电子信息	一、新一代信息技术产业
50	智能机器人	八、先进制造与自动化	二、高端装备制造产业
51	增材制造（3D 打印）	四、新材料	三、新材料产业
52	可穿戴设备	一、电子信息	一、新一代信息技术产业
53	海洋工程装备	八、先进制造与自动化	二、高端装备制造产业

续表

序号	主要产业	高新技术领域	战略性新兴产业分类
54	海洋生物基材料	四、新材料	三、新材料产业
55	海洋生物医药	二、生物与新医药	四、生物产业
56	绿色海洋化工		七、节能环保产业
57	海洋信息服务		九、相关服务业
58	光电显示	一、电子信息	一、新一代信息技术产业
59	集成电路	一、电子信息	一、新一代信息技术产业
60	大数据	五、高技术服务	一、新一代信息技术产业
61	生物技术	二、生物与新医药	四、生物产业
62	集成电路	一、电子信息	一、新一代信息技术产业
63	软件与信息服务业	五、高技术服务	一、新一代信息技术产业
64	光电子	一、电子信息	一、新一代信息技术产业
65	生物医药	二、生物与新医药	四、生物产业
66	微波通信	一、电子信息	一、新一代信息技术产业
67	存储器	一、电子信息	一、新一代信息技术产业
68	机械装备	八、先进制造与自动化	二、高端装备制造产业
69	太阳能光伏	六、新能源与节能	六、新能源产业
70	精细化工		三、新材料产业
71	光电子信息	一、电子信息	一、新一代信息技术产业
72	生物	二、生物与新医药	四、生物产业
73	节能环保	六、新能源与节能	七、节能环保产业
74	高端装备制造	八、先进制造与自动化	二、高端装备制造产业
75	现代服务		九、相关服务业
76	高端装备	八、先进制造与自动化	二、高端装备制造产业
77	新材料	四、新材料	三、新材料产业
78	新一代信息技术	一、电子信息	一、新一代信息技术产业
79	生物（健康与种业）	二、生物与新医药	四、生物产业
80	文化创意		八、数字创意产业
81	移动互联网	一、电子信息	一、新一代信息技术产业
82	绿色建筑	六、新能源与节能	六、新能源产业
83	北斗卫星导航应用	三、航空航天	二、高端装备制造产业
84	节能环保	六、新能源与节能	七、节能环保产业

续表

序号	主要产业	高新技术领域	战略性新兴产业分类
85	高技术服务	五、高技术服务	九、相关服务业
86	装备制造	八、先进制造与自动化	二、高端装备制造产业
87	新能源和新能源汽车	六、新能源与节能	五、新能源汽车产业
88	生物医药	二、生物与新医药	四、生物产业
89	现代物流	五、高技术服务	九、相关服务业
90	新型显示	四、新材料	三、新材料产业
91	集成电路	一、电子信息	一、新一代信息技术产业
92	智能语音	一、电子信息	一、新一代信息技术产业
93	新能源汽车	六、新能源与节能	五、新能源汽车产业
94	硅基新材料	四、新材料	三、新材料产业
95	机器人	八、先进制造与自动化	二、高端装备制造产业
96	现代农机	八、先进制造与自动化	二、高端装备制造产业
97	生物医药和高端医疗器械	二、生物与新医药	四、生物产业
98	创意文化	五、高技术服务	八、数字创意产业
99	通用航空	三、航空航天	
100	新一代信息技术	一、电子信息	一、新一代信息技术产业
101	生物医药	二、生物与新医药	四、生物产业
102	高端装备及智能制造	八、先进制造与自动化	二、高端装备制造产业
103	科技服务	五、高技术服务	九、相关服务业
104	金融服务		九、相关服务业
105	知识产权服务	五、高技术服务	九、相关服务业
106	临空产业		
107	半导体	四、新材料	三、新材料产业
108	下一代汽车	八、先进制造与自动化	二、高端装备制造产业
109	能源装备	六、新能源与节能	六、新能源产业
110	创新型服务	五、高技术服务	九、相关服务业
111	生命健康	二、生物与新医药	四、生物产业
112	网络科技安全	一、电子信息	一、新一代信息技术产业
113	机器人	八、先进制造与自动化	二、高端装备制造产业
114	石墨烯新材料	四、新材料	三、新材料产业
115	电子信息	一、电子信息	一、新一代信息技术产业

续表

序号	主要产业	高新技术领域	战略性新兴产业分类
116	生物医药	二、生物与新医药	四、生物产业
117	高端装备	八、先进制造与自动化	二、高端装备制造产业
118	高技术服务	五、高技术服务	九、相关服务业
119	现代物流	五、高技术服务	九、相关服务业
120	生物医药	二、生物与新医药	四、生物产业
121	新材料	四、新材料	三、新材料产业
122	先进装备制造	八、先进制造与自动化	二、高端装备制造产业
123	节能环保	六、新能源与节能	七、节能环保产业
124	信息技术及软件	一、电子信息	一、新一代信息技术产业
125	新能源	六、新能源与节能	六、新能源产业
126	现代服务		九、相关服务业
127	安防信息	一、电子信息	一、新一代信息技术产业
128	智能制造	八、先进制造与自动化	二、高端装备制造产业
129	生物医药	二、生物与新医药	四、生物产业
130	新材料	四、新材料	三、新材料产业
131	先进装备制造	八、先进制造与自动化	二、高端装备制造产业
132	生物技术	二、生物与新医药	四、生物产业
133	节能环保	六、新能源与节能	七、节能环保产业
134	新材料	四、新材料	三、新材料产业
135	通用航空	三、航空航天	
136	大数据信息	一、电子信息	一、新一代信息技术产业
137	智慧农业	一、电子信息	一、新一代信息技术产业
138	高档数控机床	八、先进制造与自动化	二、高端装备制造产业
139	船舶和海洋工程装备	八、先进制造与自动化	二、高端装备制造产业
140	航空装备	三、航空航天	二、高端装备制造产业
141	能源装备	六、新能源与节能	六、新能源产业
142	机器人	八、先进制造与自动化	二、高端装备制造产业
143	新一代信息技术	一、电子信息	一、新一代信息技术产业
144	新材料	四、新材料	三、新材料产业

从表6－2中可以看出，在高新技术重点领域中，八大产业中的“资源与环境”

没有任何对应产业，出现了缺失；而九大战略性新兴产业的类别均有分布。作为我国国家高新区体系中的代表性国家高新技术产业开发区，高新技术产业系列不完整，这可能与各国家自主创新示范区在产业设计时，只注意与战略性新兴产业对标有关（战略性新兴产业中，“资源与环境”类与节能环保产业有所对应）。

更具体来看，国家自主创新示范区高新技术领域分布，最多的前三领域分别是：电子信息、先进制造与自动化、生物与新医药。就地带分布而言，各地带间的差异较小，其中东部前三领域为：电子信息、先进制造与自动化、生物与新医药；中部前三领域为：电子信息、先进制造与自动化、新能源与节能；西部前三领域为：电子信息、先进制造与自动化、生物与新医药；东北总数较少，最多的领域是先进制造与自动化（见表6－3）。

表6－3　国家自主创新示范区高新技术领域分布情况

高新技术领域	合计	东部	中部	西部	东北
一、电子信息	32	19	5	7	1
二、生物与新医药	19	9	4	6	0
三、航空航天	4	0	2	1	1
四、新材料	16	7	3	5	1
五、高技术服务	13	5	3	5	0
六、新能源与节能	18	8	5	4	1
七、资源与环境	0	0	0	0	0
八、先进制造与自动化	27	12	5	7	3
未纳入上述领域	15	10	2	3	0
总计	144	70	29	38	7

国家自主创新示范区战略性新兴产业分类，与高新技术领域分布基本相同，分布最多的前三产业为：新一代信息技术产业、高端装备制造产业、生物产业。其中，东部前三产业为：新一代信息技术产业、高端装备制造产业、生物产业；中部前三产业为：高端装备制造产业、新一代信息技术产业、生物产业；西部前三产业为：新一代信息技术产业、高端装备制造产业、生物产业；东北总数较少，最多的产业是高端装备制造产业（见表6－4）。

表6－4　国家自主创新示范区高新技术领域分布情况

战略性新兴产业分类	合计	东部	中部	西部	东北
一、新一代信息技术产业	36	23	5	7	1
二、高端装备制造产业	29	12	6	7	4
三、新材料产业	17	8	3	5	1
四、生物产业	20	10	4	6	0
五、新能源汽车产业	3	1	2	0	0
六、新能源产业	8	4	1	2	1
七、节能环保产业	8	4	2	2	0
八、数字创意产业	6	4	2	0	0
九、相关服务业	14	4	3	7	0
未纳入上述产业	3	0	1	2	0
总计	144	70	29	38	7

第二节　南柳桂北国家自主创新示范区产业创新与区域协同

一、南柳桂北国家自主创新示范区产业分析

根据南宁、柳州、桂林、北海自治区级自主创新示范区建设有关实施方案，我们梳理南柳桂北国家自主创新示范区四市的主要产业，如表6－5所示。

表6－5　广西自主创新示范区建设的产业一览

序号	自主创新示范区	主要产业
1	广西	先进制造业：轨道交通装备、海洋工程装备及高技术船舶、高端数控机床与机器人、农机装备、通用航空，战略性新兴产业：新一代信息技术、北斗导航、智能装备制造、节能环保、新材料、新能源汽车、新能源、生物医药、大健康，传统工业：食品、汽车、机械、有色金属、冶金、石化、建材、轻纺、造纸与木材加工(注)

续表

序号	自主创新示范区	主要产业
2	南宁	新一代信息技术、智能制造、生命健康产业，节能环保、新材料、新能源
3	柳州	汽车、机械、钢铁，智能制造、生产性服务业，新能源汽车、高端装备制造、轨道交通、智能电网、装配式建筑、电子信息、新材料、节能环保、医药生物及高端医疗器械
4	桂林	电子信息、装备制造、材料、汽车及零部件、生物医药、食品饮料；节能环保、新一代信息技术、生物、新能源、新材料、新能源汽车、文化创意、智慧旅游、健康养生养老
5	北海	电子信息：计算机整机及零部件、光电显示、电力电子、电子元件及组件、智能家电，海洋科技：海洋生物产品精深加工、海洋生物制药、海水养殖良种繁育和育苗技术研发

注：广西的主要产业清单，来自《广西壮族自治区国民经济和社会发展第十三个五年规划纲要》，以与广西已有的自主创新示范区做比较；同时，此处未罗列服务业及农业。

从南柳桂北国家自主创新示范区主要产业来看，示范区主要产业为广西的先进制造业和战略性新兴产业，在传统工业方面柳州和桂林有食品、汽车、机械、有色金属、冶金等广西传统产业布点 5 个，占全部 43 个产业布点的 11.6%。同时，除了这 5 个传统产业布点，其他布点均为国家高新技术重点领域和战略性新兴产业。而从服务广西高质量发展来看，根据《广西科技创新支撑产业高质量发展三年行动方案（2018—2020 年）》（桂政发〔2018〕51 号）、《广西工业高质量发展行动计划（2018—2020 年）》（桂政发〔2018〕30 号）公布的广西科技创新支撑产业高质量发展 13 个“重大产业科技攻关”领域和 14 个工业产业目录，分别有 7 个和 6 个布点不属于上述领域或产业，具有较强的支撑作用，但发挥得还不是很完全（见表 6－5）。

具体来看，广西自主创新示范区产业领域的分布（见表 6－6），在高新技术领域前三的是：电子信息、生物与新医药、新能源与节能，在战略性新兴产业前三的是：新一代信息技术产业、生物产业、高端装备制造产业和新材料产业（并列），广西高质量发展重大产业攻关领域前三的是：电子信息、大健康、高端装备制造和新材料（并列），广西工业高质量发展产业前三的是：新一代信息技术产业、生物医药产业、高端装备制造产业和新材料产业（并列）。

表6－6　广西自主创新示范区建设的产业分布情况

序号	产业	高新技术重点领域	战略性新兴产业分类	广西高质量发展重大产业攻关领域	广西工业高质量发展产业
1	新一代信息技术	一、电子信息	一、新一代信息技术产业	7. 电子信息	9. 新一代信息技术产业
2	智能制造	八、先进制造与自动化	二、高端装备制造产业	9. 高端装备制造	10. 高端装备制造产业
3	生命健康	二、生物与新医药	四、生物产业	11. 大健康	12. 生物医药产业
4	节能环保	六、新能源与节能	七、节能环保产业	8. 节能环保	14. 节能环保产业
5	新材料	四、新材料	三、新材料产业	10. 新材料	13. 新材料产业
6	新能源	六、新能源与节能	六、新能源产业		
7	汽车			1. 汽车	1. 汽车产业
8	机械			2. 机械	2. 机械产业
9	钢铁			4. 冶金	4. 冶金及有色金属产业
10	智能制造	八、先进制造与自动化	二、高端装备制造产业	9. 高端装备制造	10. 高端装备制造产业
11	生产性服务	五、高技术服务	九、相关服务业		
12	新能源汽车	六、新能源与节能	五、新能源汽车产业		11. 新能源汽车产业
13	高端装备制造	八、先进制造与自动化	二、高端装备制造产业	9. 高端装备制造	10. 高端装备制造产业
14	轨道交通	八、先进制造与自动化	二、高端装备制造产业	9. 高端装备制造	10. 高端装备制造产业
15	智能电网	六、新能源与节能	六、新能源产业		
16	装配式建筑	四、新材料	三、新材料产业	10. 新材料	13. 新材料产业
17	电子信息	一、电子信息	一、新一代信息技术产业	7. 电子信息	9. 新一代信息技术产业
18	新材料	四、新材料	三、新材料产业	10. 新材料	13. 新材料产业
19	节能环保	六、新能源与节能	七、节能环保产业	8. 节能环保	14. 节能环保产业

续表

序号	产业	高新技术重点领域	战略性新兴产业分类	广西高质量发展重大产业攻关领域	广西工业高质量发展产业
20	医药生物及高端医疗器械	二、生物与新医药	四、生物产业	11. 大健康	12. 生物医药产业
21	电子信息	一、电子信息	一、新一代信息技术产业	7. 电子信息	9. 新一代信息技术产业
22	装备制造	八、先进制造与自动化	二、高端装备制造产业	9. 高端装备制造	10. 高端装备制造产业
23	材料	四、新材料	三、新材料产业	10. 新材料	13. 新材料产业
24	汽车及零部件			1. 汽车	1. 汽车产业
25	生物医药	二、生物与新医药	四、生物产业	11. 大健康	12. 生物医药产业
26	食品饮料			13. 特色优势农业	8. 农产品加工业
27	节能环保	六、新能源与节能	七、节能环保产业	8. 节能环保	14. 节能环保产业
28	新一代信息技术	一、电子信息	一、新一代信息技术产业	7. 电子信息	9. 新一代信息技术产业
29	生物	二、生物与新医药	四、生物产业	11. 大健康	12. 生物医药产业
30	新能源	六、新能源与节能	七、节能环保产业		
31	新材料	四、新材料	三、新材料产业	10. 新材料	13. 新材料产业
32	新能源汽车	六、新能源与节能	五、新能源汽车产业		
33	文化创意	五、高技术服务	八、数字创意产业		
34	智慧旅游	一、电子信息	一、新一代信息技术产业	7. 电子信息	9. 新一代信息技术产业
35	健康养生养老	二、生物与新医药	四、生物产业	11. 大健康	12. 生物医药产业
36	计算机整机及零部件	一、电子信息	一、新一代信息技术产业	7. 电子信息	9. 新一代信息技术产业
37	光电显示	一、电子信息	一、新一代信息技术产业	7. 电子信息	9. 新一代信息技术产业
38	电力电子	一、电子信息	一、新一代信息技术产业	7. 电子信息	9. 新一代信息技术产业
39	电子元件及组件	一、电子信息	一、新一代信息技术产业	7. 电子信息	9. 新一代信息技术产业

续表

序号	产业	高新技术重点领域	战略性新兴产业分类	广西高质量发展重大产业攻关领域	广西工业高质量发展产业
40	智能家电	一、电子信息	一、新一代信息技术产业	7. 电子信息	9. 新一代信息技术产业
41	海洋生物产品精深加工	二、生物与新医药	四、生物产业	11. 大健康	12. 生物医药产业
42	海洋生物制药	二、生物与新医药	四、生物产业	11. 大健康	12. 生物医药产业
43	海水养殖良种繁育和育苗技术研发	二、生物与新医药	四、生物产业	13. 特色优势农业	8. 农产品加工业

产业的分布主要是：新一代信息技术产业、生物产业、高端装备制造产业、新材料产业以及节能环保产业。这五大产业，正好均属广西确定的六大战略性新兴产业，南柳桂北国家自主创新示范区对广西战略性新兴产业的支撑力度极大（见表6－7）。在新能源汽车产业方面，南柳桂北国家自主创新示范区亦有在柳州、桂林布点。

表6－7　广西自主创新示范区建设的主要产业分布数量情况

领域/产业		数量
高新技术领域	一、电子信息	10
	二、生物与新医药	8
	三、航空航天	
	四、新材料	5
	五、高技术服务	2
	六、新能源与节能	8
	七、资源与环境	
	八、先进制造与自动化	5
	未纳入上述领域	5

续表

领域/产业		数量
战略性新兴产业分类	一、新一代信息技术产业	10
	二、高端装备制造产业	5
	三、新材料产业	5
	四、生物产业	8
	五、新能源汽车产业	2
	六、新能源产业	2
	七、节能环保产业	4
	八、数字创意产业	1
	九、相关服务业	1
	未纳入上述产业	5
广西高质量发展重大产业攻关领域	1. 汽车	2
	2. 机械	1
	3. 有色金属	
	4. 冶金	1
	5. 高端铝	
	6. 制糖	
	7. 电子信息	10
	8. 节能环保	3
	9. 高端装备制造	5
	10. 新材料	5
	11. 大健康	7
	12. 海洋资源开发利用	
	13. 特色优势农业	2
	未纳入上述领域	7
广西工业高质量发展产业	1. 汽车产业	2
	2. 机械产业	1
	3. 铝业	
	4. 冶金及有色金属产业	1
	5. 化工产业	
	6. 糖业	
	7. 消费品轻工业	

续表

领域/产业		数量
广西工业高质量发展产业	8. 农产品加工业	2
	29. 新一代信息技术产业	10
	10. 高端装备制造产业	5
	11. 新能源汽车产业	1
	12. 生物医药产业	7
	13. 新材料产业	5
	14. 节能环保产业	3
	未纳入上述产业	6

二、南柳桂北国家自主创新示范区产业创新的区域协同

如本章第一节所述，作为以国家高新区为核心创建的国家自主创新示范区，其相对友好的技术转移政策使技术创新从国家自主创新示范区向外部区域扩散，通过这种知识由内而外流动的外向型开放式创新模式，发挥其创新引领和科技带动作用（Huang et al.，2013）。作为一个区域创新系统，无论是内向型开放式创新模式，还是外向型开放式创新模式，国家自主创新示范区离不开创新知识和技术的创造、聚集、外溢和扩散。这种创新知识和技术的协同交互，对企业而言，促进新产品开发，一般表现为高新技术产品的不断涌现。对国家自主创新示范区而言，促进产业的聚集，一般表现为高新技术产业和战略性新兴产业在国家自主创新示范区的成长。高新技术产业和战略性新兴产业在国家自主创新示范区由萌芽到逐步成熟的产业创新过程，也是区域开放式创新不断演化的过程。

如第一章第二节所述，国家自主创新示范区建设的重要内容就是构建创新型产业体系：搭建产业创新发展平台，打造产业创新中心，形成创新型产业集群，建成高端产业集聚区，引领国家产业转型升级，构建具有全球竞争力的产业新体系。对于有多个高新区及跨多个城市的国家自主创新示范区而言①，更需要不断

① 实际上我国目前的国家高新区，都已经采取了“一区多园”模式，因此也具有“多区”的特征。因此，即使是按照“单个高新区模式”建设的国家自主创新示范区，也形成了具有开放性特征的区域创新协同机制。

优化内部产业结构，基于产业链、创新链优化产业空间布局，促进不同园区之间的相互联系，形成具有开放性特征的区域创新协同机制，从而由单个高新区内产业集群转到逐步形成整个国家自主创新示范区内集群网络（滕堂伟等，2018），创新网络的核心之一是产业创新在不同园区之间的协同。根据协同创新的螺旋结构模型①，我们应用最基本的大学、产业和政府三者之间“三螺旋模型”来分析南柳桂北国家自主创新示范区产业创新的区域协同结构。根据三螺旋创新结构模型，南柳桂北国家自主创新示范区各个国家高新区之间，内部各自形成大学、产业和政府之间三螺旋创新结构；而基于开放式区域创新系统，各国家高新区之间在国家自主创新示范区协调机制下，可以形成跨国家高新区的知识创新、产业创新、制度创新协同（见图6－3）。图6－3中，仅展示了园区1和园区2之间的协同连接（图中的虚线双箭头连接线），未加入与园区3、园区4（图中左右两侧的菱形虚线框）之间的协同连接，实际的区域协同创新在南宁、柳州、桂林、北海4个国家高新区之间相互交织，在南柳桂北国家自主创新示范区形成了复杂的创新网络。需要说明的是，由于我国各级行政区之间的管辖权限明显分割，在制度创新层面，各国家高新区之间可以进行协同，但这类制度创新协同的各类政策措施等不能直接跨区域使用，因此在图6－3中，大学、研发机构的知识创新和企业的产业创新无法与其他园区的政府机构制度创新进行协同。

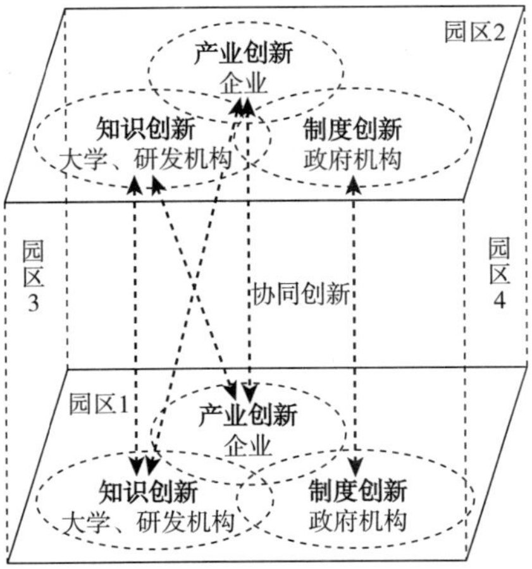

图6－3　多园区模式下国家自主创新示范区产业创新区域协同机制

① 关于区域协同创新的螺旋结构理论及其主要模式，详见第七章第二节。

从国家自主创新示范区来说，这种跨园区的产业创新协同，产业发展的主体是高新技术产业和战略性新兴产业（见表6-1～表6-7）。根据《广西战略性新兴产业发展“十三五”规划（2016—2020）》（桂政办发〔2016〕108号），广西着力打造“一极两带两组团”的战略性新兴产业新格局，其中南宁新兴产业核心增长极和桂柳南北新兴产业创新带是其核心，致力于打造广西新兴产业创新中轴及后台服务基地，形成新的经济增长带。

南宁的新一代信息技术、石墨烯和高性能铝合金材料、航空航天和先进轨道交通装备，桂林的机器人和高档数控机床、电力装备，柳州的新能源汽车、智能工程机械和机器人、稀有金属新材料，北海的新一代信息技术、高品质特殊钢，这些广西的主要战略性新兴产业集聚于南宁、柳州、桂林、北海国家高新区，4市各具特色的战略性新兴产业发展，推动了广西高新技术产业创新，为广西产业中高端化发展提供了持续动力。其中，柳州汽车整车及关键零部件创新型产业集群列入国家第三批创新型产业集群试点名单（国科发火〔2017〕374号），汽车整车及关键零部件产业链相关联企业、研发和服务机构在柳州国家高新区集聚，通过分工合作和协同创新，形成具有跨行业跨区域带动作用和国际竞争力的产业组织形态，为实施广西创新驱动发展战略、加快新旧动能转换发挥支撑和示范作用。

南宁、柳州、桂林、北海各具特色的高新技术产业和战略性新兴产业发展，推动跨城市的产业创新与区域创新协同。南柳桂北战略性新兴产业创新带和南柳桂北国家自主创新示范区完全契合，使产业创新和区域创新在南宁、柳州、桂林、北海这4个广西现有的国家高新区耦合协同，在创建南柳桂北国家自主创新示范区和未来的建设过程中，将形成提升广西自主创新能力和产业中高端化的强大合力，力促广西创新型省份建设和经济高质量发展。

第七章　关键协同之四：“多城多区多平台”协同发展

第一节　南柳桂北国家自主创新示范区创新发展平台

一、科技创新机构及科研平台

高等学校是科技创新中科研人员最为密集、数量最多的科研机构，同时也是自主创新人才培养的最主要来源地（尤其是对研究生教育，几乎全部集中在普通高校的广西来说）。2018 年，广西共有各类高校 81 所，其中 3/4 的高校设置在南柳桂北国家自主创新示范区；而科研实力最强的 9 所大学，有 8 所在南柳桂北国家自主创新示范区，其中包括广西的唯一一所国家“211”大学和“双一流”大学——广西大学；在最能体现高校学科能力和科教能力的广西一流学科中，全部 34 个一流学科均设置在南柳桂北国家自主创新示范区的高校，仅有 9 个一流学科培育学科不在南柳桂北国家自主创新示范区所在城市（见表 7－1）。

表 7－1　南柳桂北国家自主创新示范区高校情况一览　　单位：所

	南宁	柳州	桂林	北海	示范区	广西	示范区占比（%）
本科（大学）	10（4）	1（1）	6（3）	1	18（8）	28（9）	64.3（88.9）
独立学院	4	1	3	1	9	9	100
高职	21	4	3	1	29	38	76.3

续表

	南宁	柳州	桂林	北海	示范区	广西	示范区占比（%）
成人高校	4		1		5	6	83.3
以上高校合计数	39	6	13	3	61	81	75.3
一流学科（培育）	21（8）	（2）	13（6）		34（16）	34（25）	100（64.0）

注：①本科（大学）数中，括号里面的数字是“大学”的数量；

②以上高校合计数，是四类学校的合计总数，大学不重复计数；

③一流学科（培育）数中，括号里面的数字是“培育学科”的数量；

④本表对一个学校两地办学的高校，分别计数，因此不是归口统计数。

在科学研究机构方面，广西现有3个国家重点实验室和3个国家工程技术研究中心共6个国家级科研中心，均坐落在南柳桂北国家自主创新示范区。广西现有的388个自治区级科研中心中，82.7%也在南柳桂北国家自主创新示范区；从研究机构的总数来看，也有约80%的研究机构地处南柳桂北国家自主创新示范区4市（见表7-2）。

表7-2　南柳桂北国家自主创新示范区重点实验室等情况一览　　单位：个

	南宁	柳州	桂林	北海	示范区	广西	示范区占比（%）
国家重点实验室	2		1		3	3	100
国家工程技术研究中心	1	1	1		3	3	100
广西重点实验室	53	2	33	2	90	96	93.8
广西工程技术研究中心（在建）	78（36）	36（5）	38（9）	8	160（50）	208（61）	76.9（82.0）
广西临床医学研究中心	14		1		15	17	88.2
以上重点研究机构合计	184	44	83	10	321	388	82.7
研究机构总数	301	117	246	22	686	860	79.8

注：①广西工程技术研究中心（在建）数据中，括号里面的数字是在建的数量；

②以上重点研究机构合计是国家重点实验室等五类重点研究机构的总数；

③研究机构总数是多年所有研究机构的总和，该项数据为2017年数量。

从南柳桂北国家自主创新示范区所在的4个城市来看，其重要科技机构及科研平台主要落在南宁和桂林（见表7-3）。南宁无论在高校数、一流学科数、重点实验室及研究机构数方面，均明显多于其他三市：高校和一流学科占示范区的60%以上，重点实验室及研究机构占比则分别为57.3%、43.9%；并拥有广西唯一的"211"大学和"双一流"大学（广西大学）。桂林是另一个科教中心，高校、一流学科、重点实验室及研究机构等占示范区的比重依次为21.3%、38.2%、25.9%和35.9%，所占比例明显高于除南宁市外的其他城市。

表7-3　南柳桂北国家自主创新示范区重要科技机构及科研平台一览

类别	名称	主要领域	城市
国家重点实验室	非粮生物质酶解国家重点实验室	生物资源	南宁
	亚热带农业生物资源保护与利用国家重点实验室	生物农业	南宁
	药用资源化学与药物分子工程国家重点实验室	生物医药	桂林
国家工程技术研究中心	国家特种矿物材料工程技术研究中心	新材料	桂林
	国家非粮生物质能源工程技术研究中心	新能源	南宁
	国家土方机械工程技术研究中心	先进制造	柳州
大学	广西大学	国家"双一流"大学、"211"大学；一流学科：土木工程（国家）、应用经济学、生物学、材料科学与工程、化学工程与技术、轻工技术与工程、作物学、畜牧学	南宁
	广西师范大学	一流学科：马克思主义理论、教育学、中国语言文学、化学、软件工程	桂林
	广西医科大学	一流学科：基础医学、临床医学、口腔医学、公共卫生与预防医学、药学	南宁
	广西民族大学	一流学科：民族学、中国语言文学、外国语言文学	南宁
	桂林电子科技大学	一流学科：机械工程、仪器科学与技术、信息与通信工程、网络空间安全	桂林
	桂林理工大学	一流学科：材料科学与工程、测绘科学与技术、地质资源与地质工程、环境科学与工程	桂林
	广西中医药大学	一流学科：中医学、中药学	南宁

二、国家高新区等园区创新平台

截止到2018年底，南柳桂北国家自主创新示范区与科技创新相关的12类国家级园区平台（含城市）和3类自治区级园区平台分别有57项和24项，总数为81项，占广西的近80%（见表7-4）。

表7-4　南柳桂北国家自主创新示范区各类园区平台一览　　单位：个

	南宁	柳州	桂林	北海	示范区	广西	示范区占比(%)
国家高新区	1	1	1	1	4	4	100
国家创新型城市	1				1	1	100
国家高新区三类园区	1	1	1		3	3	100
国家科技服务业区域试点单位	1			1	2	2	100
国家知识产权试点城市	1	1			2	2	100
国家知识产权试点示范园区	1	1			2	2	100
国家高新技术产业化基地	1	3	2		6	6	100
国家双创示范基地	1				1	1	100
国家级科技企业孵化器	5	1	2	2	10	10	100
国家级小型微型企业创业创新示范基地	3	4	2	2	11	11	100
国家大学科技园			1		1	1	100
国家级众创空间	4	3	3	4	14	21	66.7
自治区自主创新示范区	1	1	1	1	4	4	100
自治区级大学科技园	1		2		3	3	100
自治区级科技企业孵化器	6	7	2	2	17	33	51.5
总数	28	23	17	13	81	104	77.9

注：均为截止到2018年底数据。

在国家级园区平台中，仅有国家级众创空间，示范区四市不占广西的100%；在自治区级园区平台中，仅有自治区级科技企业孵化器，示范区四市不占广西的100%；南柳桂北国家自主创新示范区自主创新有关平台建设在广西具有明显优势。

三、各类创新企业等微观创新主体

创新无处不在，企业是创新的主体，创新的经济产出，最终是由企业来实现的。探索具有中国特色的自主创新道路、加快建设创新型国家，必须有一大批创新型企业站在产业创新的潮头。创新型企业是那些通过不断改变市场和技术条件来生产出具有更高质量或更低价格的产品（或服务）的企业（张海波等，2013）。2006～2012 年，国家科技部、国务院国资委、中华全国总工会三部委根据《创新型企业试点工作实施方案》（国科发政字〔2006〕110 号）共 5 批次遴选了 676 家创新型试点企业，2008～2011 年认定了 3 批次 356 家全国创新型企业。这些创新型企业拥有尖端技术和高素质人才，引领科技进步和产品创新，推动经济社会结构转型升级（郭细根，2016）。2011 年起，国家工业和信息化部、财政部根据《技术创新示范企业认定管理办法（试行）》（工信部联科〔2010〕540 号），每年认定一批"国家技术创新示范企业"，截至 2018 年全国共认定了 565 家"国家技术创新示范企业"。无论是前期科技部牵头认定的"国家创新型企业"，还是后期工信部牵头认定的"国家技术创新示范企业"，均是为支持企业自主创新、引导企业走创新发展道路；是贯彻落实《国家中长期科学和技术发展规划纲要（2006—2020 年）》，有力支撑建设创新型国家的政策措施。这些被认定的创新企业，是我国企业创新中的典型代表，其各项创新指标在国家政策层面得到认可。从更广泛的意义上看，以科学技术研究开发与技术成果转化为基础，并获得自主知识产权的高新技术企业[①]和科技型中小企业[②]是我国企业创新的主力军。截至 2018 年底，我国高新技术企业达到 18.1 万家，科技型中小企业突破 13 万家，为我国科技进步贡献率超过 58.5%、国家综合创新能力列世界第 17 位提供有力支撑[③]。

从市场角度来认识创新企业，国际上通行的有两类企业主要与创新能力紧密

① 高新技术企业是指在《国家重点支持的高新技术领域》内，持续进行研究开发与技术成果转化，形成企业核心自主知识产权，并以此为基础开展经营活动，在中国境内（不包括港、澳、台地区）注册的居民企业。

② 科技型中小企业是指依托一定数量的科技人员从事科学技术研究开发活动，取得自主知识产权并将其转化为高新技术产品或服务，从而实现可持续发展的中小企业。

③ 佘惠敏．我国高新技术企业达 18.1 万家［N］．经济日报，2019－01－10（3）．

相关：独角兽企业（Unicorns）和瞪羚企业（Gazelles）。独角兽企业最早由 Cowboy Ventures 的创始人兼风险投资家 Aileen Lee 于 2013 年在一篇科技媒体报道中提出，其衡量标准是创业 10 年左右，企业估值超过 10 亿美元，具有“爆发式”增长、稀少、被投资者“热捧”的创业型企业特征（楚天骄、宋韬，2017）。独角兽企业一般引领产业变革的方向，能带来全球产业的颠覆；独角兽企业引领颠覆性创新创业，某种程度上已成为彰显一个国家创新能力的评价指标（曹方，2017）。根据 CB Insights《全球独角兽公司榜单》、胡润《大中华区独角兽指数》、科技部火炬中心—长城战略咨询公司《中国独角兽企业发展报告》以及前瞻产业研究院《中国独角兽企业研究报告》，独角兽企业的空间分布高度集中：在国际上集中于世界第一和第二大经济体美国和中国，在国内集中于北京、上海、深圳以及杭州等创新型城市。根据美国麻省理工学院教授戴维·伯奇（David Birch）等的研究，瞪羚企业是一类成长性好、具有“跳跃式”发展态势的高新技术企业（Birch D. L. , Medoff J. , 1994）。在企业生命周期中，创业企业跨越死亡谷、进入快速成长期被称为瞪羚企业（见图 7-1）。瞪羚企业具有成长速度快、创新能力强、采用新发展模式、把握细分领域，但是生命依然脆弱等主要特征；“瞪羚企业”是产业发展与经济景气的重要标志之一，一个地区的“瞪羚企业”数量越多，表明这一地区的创新活力越强，发展速度越快（王德禄，2007）。

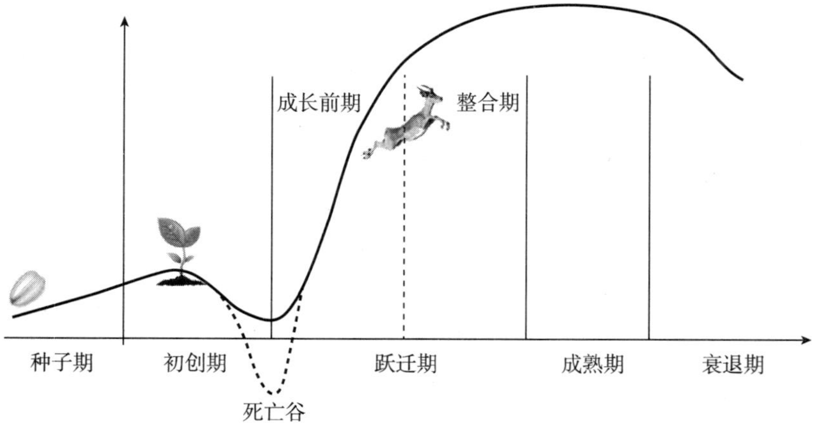

图 7-1　瞪羚企业在企业成长生命周期中的位置示意

从面向前沿产业的创新能力看，南柳桂北国家自主创新示范区与我国处于创新领先地位的北京、上海、深圳、杭州等地存在明显差距，无独角兽企业。但从创新活力来看，南柳桂北国家自主创新示范区是广西创新最活跃的区域。示范区内已有广西科技厅认定的广西瞪羚企业 56 家，占广西的 82.4%（见表 7－5）。在"国家高新区瞪羚企业榜单"上，2017 年、2018 年两年有 62 家企业上榜（该榜单只考察设置于国家高新区内的企业）。由于广西仅有的 4 个国家高新区均纳入了国家自主创新示范区范畴，因此广西所有"国家高新区瞪羚企业"均属南柳桂北国家自主创新示范区范围内。此外，示范区现有高新技术企业 1486 家，占全区总数的 79.6%；国家技术创新示范企业 11 家，占全区的 90.9%；国家知识产权示范企业 7 家，占全区的 87.5%。这些瞪羚企业、高新技术企业、国家知识产权示范企业，都是创新能力强、自主创新最具活力的企业，这些企业数量在整个广西所占的绝对多数，从不同侧面展现了南柳桂北国家自主创新示范区的创新活力在广西区内具有非常明显的优势。

表 7－5 南柳桂北国家自主创新示范区各类创新型企业 单位：个

	南宁	柳州	桂林	北海	示范区	广西	示范区占比（%）
广西瞪羚企业	19	18	17	2	56	68	82.4
高新技术企业	750	442	236	58	1486	1868	79.6
国家高新区瞪羚企业	32	13	11	6	62	62	100
国家技术创新示范企业	3	5	2		10	11	90.9
创新型企业（试点）		2（4）	2（4）		4（8）	4（9）	100（88.9）
国家知识产权示范企业	3	3	1		7	8	87.5

注：①"国家高新区瞪羚企业"来自由科学技术部火炬高技术产业开发中心和长城战略咨询共同发布的年度榜单。

②"创新型企业（试点）"括号里的数字为创新型试点企业的数量。

从国家政策层面来看，被国家科技部或工信部认定为国家技术创新示范企业、国家创新型企业（含试点企业）的代表性创新企业，南柳桂北国家自主创新示范区共有 14 家（其中 1 家企业现已注销）。从市场角度来看，上述企业中有多家上市公司或上市公司子公司，以及世界 500 强企业子公司。但除了两家公司子公司中含有广西瞪羚企业外，其他均不在独角兽企业或瞪羚企业之列（见表 7－6）。从科学技术部火炬高技术产业开发中心与北京市长城企业战略研究所（简称"长城战略咨询"）发布的 2017 年、2018 年国家高新区瞪羚企业来看，全国分别有2576家、2857家瞪羚企业，广西对应仅有33家、29家瞪羚企业，广西国家高新区瞪羚企业仅占全国的1.1%；没有任何瞪羚企业进入年度高成长100强和创新投入100强榜单，没有企业成长为独角兽企业①；总体上看，相对于发展水平位于前列的国家高新区，南柳桂北国家自主创新示范区企业创新活力还不够强。

表7－6　南柳桂北国家自主创新示范区代表性创新企业情况一览

序号	企业名称	创新企业称号	产业领域	城市	备注
1	广西田园生化股份有限公司	国家技术创新示范企业、高新技术企业、国家知识产权示范企业	生物医药	南宁	
2	广西博世科环保科技股份有限公司	国家技术创新示范企业、高新技术企业、国家知识产权优势企业	生态环保	南宁	上市公司
3	广西南南铝加工有限公司	国家技术创新示范企业、高新技术企业、国家知识产权优势企业	新材料	南宁	
4	广西柳工机械股份有限公司	国家技术创新示范企业、国家创新型企业、高新技术企业、国家知识产权示范企业	先进装备制造	柳州	上市公司
5	柳州欧维姆机械股份有限公司	国家技术创新示范企业、国家创新型企业、高新技术企业、国家知识产权示范企业	先进装备制造	柳州	
6	上汽通用五菱汽车股份有限公司	国家技术创新示范企业、国家创新型试点企业、高新技术企业、国家知识产权示范企业	汽车制造	柳州	世界500强、上市公司子公司
7	柳州五菱汽车有限责任公司	国家技术创新示范企业、高新技术企业	汽车制造	柳州	
8	东风柳州汽车有限公司	国家技术创新示范企业、高新技术企业	汽车制造	柳州	世界500强、上市公司子公司

① 参见中国瞪羚网站：http://www.chinagazelle.cn/index所公开的瞪羚企业榜单，以及《国家高新区瞪羚企业发展报告2017》《国家高新区瞪羚企业发展报告2018》两份报告。

续表

序号	企业名称	创新企业称号	产业领域	城市	备注
9	柳州两面针股份有限公司	国家创新型试点企业、高新技术企业	化学工业	柳州	上市公司
10	桂林三金药业股份有限公司	国家技术创新示范企业、国家创新型试点企业、高新技术企业、国家知识产权优势企业	生物医药	桂林	上市公司
11	桂林电力电容器有限责任公司	国家技术创新示范企业、高新技术企业	电力设备	桂林	
12	桂林利凯特环保实业股份有限公司	国家创新型试点企业、高新技术企业	生态环保	桂林	该公司已注销
13	中国化工橡胶桂林有限公司	国家创新型企业、高新技术企业、国家知识产权优势企业	化学工业	桂林	世界 500 强子公司
14	桂林橡胶机械厂（桂林橡胶机械有限公司）	国家创新型企业、高新技术企业、国家知识产权优势企业	先进装备制造	桂林	世界 500 强子公司

注：①广西柳工机械股份有限公司、桂林三金药业股份有限公司子公司中分别有广西瞪羚企业 1 家；

②广西柳工机械股份有限公司与柳州欧维姆机械股份有限公司同属广西柳工集团有限公司子公司。

从南柳桂北国家自主创新示范区 4 市的微观创新主体来看，南宁是创新活力最强的城市，这和南宁市作为广西科技创新机构及科研平台数量最多、实力最强的地位是匹配的。但是与高校及科研机构等创新主体聚集程度存在不同的是，柳州替代桂林成为创新活力排序第二的城市。这种科研创新主体和企业创新活力之间的差异，赋予了各个城市在"多城多区多平台"创新网络中应具备的不同定位。

第二节　"多城多区多平台"创新网络构建与交互协同

一、区域协同创新的螺旋结构

南柳桂北国家自主创新示范区跨 4 个城市（从城市群的角度来看，其建设过程中还将辐射临近的城市)，核心区包括4个国家高新区（并会扩展到更多的高新区、经开区等园区)，拥有数量众多的创新平台、科研机构、创新企业等，共同构成了一个跨“多城多区多平台”的复杂区域创新系统。并通过其开放性特征，与示范区的创新网络、创新链相交互。如此众多的创新资源、创新要素、创新主体，需要通过协同创新，充分发挥各要素的创新能力，来获得良好的创新绩效。

国家自主创新示范区创新网络，包含了政府、产业、大学、研究机构、用户和金融机构等重要的创新主体（或者说是创新利益相关者)。为解决他们的协同创新效率问题，学者提出了螺旋结构的模型，其中最基本的是大学、产业和政府三者之间“三螺旋模型”。三螺旋模式是由大学、产业和政府三个主体构成的相互重叠交叉的协同创新模式，三者互动交叉螺旋上升，推动创新活动螺旋式上升。传统的三螺旋模式有三种形式（见图7－2)，其中国家干预模式以政府为核心，自由放任模式的三元主体彼此独立、相互分离，三螺旋创新模式强调围绕知识交互的双边合作和三边合作关系（柳岸，2011)。

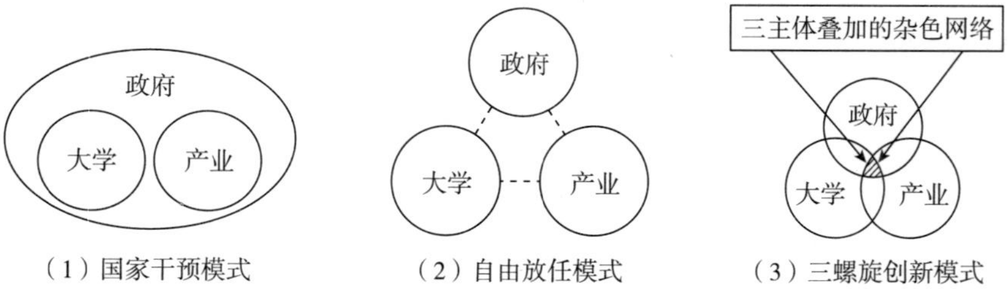

图7－2　传统的“三螺旋模型”示意图

在三螺旋模型中，政府和产业之间存在信息流——产业向政府反馈创新需求及政府向产业提供政策供给；产业和大学之间存在知识流——产业向大学反馈创新需求及大学向产业提供知识供给；大学和政府之间存在人才流——政府扶持大学、大学向政府输出人才产品以及政府和大学之间的人才流动，三者通过这样的关系紧密合作，三方重叠区域则是创新区域（郭勇，2018)（见图7－3)。

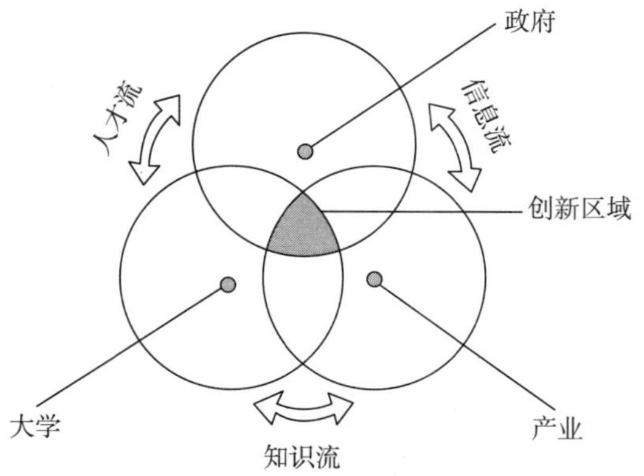

图 7-3　传统"三螺旋"创新模式创新要素流向示意

在上述三螺旋创新模式下，"产业"维度是单独作为一个整体的，但是专业化程度高、知识密集的研发、生产、销售、咨询等生产性服务业与制造业进行融合和互动，对创新绩效作用巨大（郭勇，2018）。在南柳桂北国家自主创新示范区"多城多区多平台"运行的条件下，生产性服务业正是目前发展还不够充分的重要环节。因此，为突出生产性服务业对南柳桂北国家自主创新示范区"多城多区多平台"协同发展至关重要的作用，可以构建"大学—政府—核心产业—生产性服务业"的螺旋创新模式来完善南柳桂北国家自主创新示范区"多城多区多平台"协同创新发展的螺旋结构（见图 7-4）。

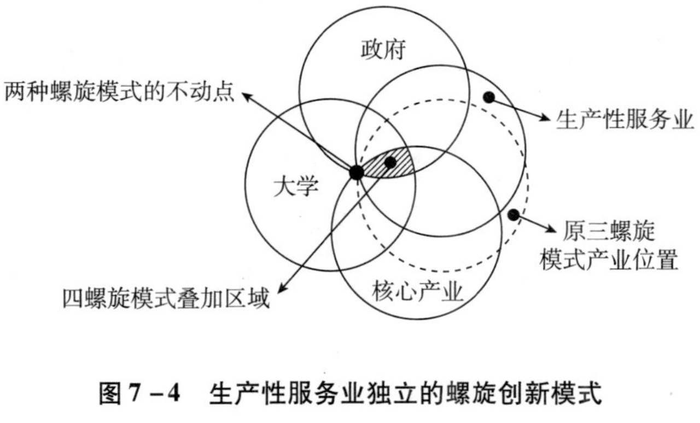

图 7-4　生产性服务业独立的螺旋创新模式

生产性服务业独立的螺旋创新模式中，我们假定政府和大学的关系不变，而生产性服务业嵌入政府和核心产业之间，使核心产业更接近大学的位置，也即原三螺旋模式下的产业，在分为生产性服务业和核心产业分别向政府和大学靠近后，有一个两种螺旋模式共有的不动点。而生产性服务业与政府的关系更紧密，核心产业与大学的关系更紧密。在我国现代服务型政府管理模式下政府职能转变中，一些原有的政府职能下放到事业性单位、行业协会等半官方机构及中介组织，提供更专业的创新服务，因此，中介组织配合政府营造良好的创新创业环境。而我国的科研机构尤其是原有的国有科研院所，一直是科技创新的重要源头，因此，科研机构与大学一样是知识创新的重要主体。生产性服务业独立的螺旋创新模式中，大学及科研机构，通过科技创新人才培养，提供科技创新成果和各类人才；政府及中介组织，发布有利于创新创业的政策、规划及有利的创新创业环境；核心产业主要是具有一定产业优势和良好发展前景的高新技术产业、战略性新兴产业以及部分具有特色优势的传统产业，这些产业当中的创新企业，通过企业自主创新、成果转化，获取市场回报；生产性服务业则通过服务外包，主要提供研发设计、科技成果转化、知识产权、现代物流与仓储、信息服务、金融服务、节能与环保服务、生产性租赁、商务服务、人力资源管理与培训、批发经纪代理及生产性支持服务等专业服务，使其他创新主体，尤其是创新企业专注于核心业务和关键技术创新。

就生产性服务业而言，处于西部地区的广西生产性服务业的发展水平虽然明显落后于发达省市（白雪、宋玉祥，2019），近年来主要呈现增加值保持增长态势、企业数增加、固定资产投资增加等主要特征，同时也存在产业规模较小且结构不合理、企业数量偏少及集聚效应不明显、投资不足及投资结构不合理等主要问题（邓海涛等，2019）。根据《广西壮族自治区生产性服务业发展“十三五”规划》，广西“十三五”期间生产性服务业重点发展产业包括：现代物流业、会展服务业、信息服务业、金融服务业、科技服务业、电子商务；积极发展的产业包括：研发设计业、节能和环保服务业、商务咨询业、制造业服务化；培育发展的产业包括：海洋服务业、人力资源服务和品牌建设、检验检测认证、服务外包等。而南柳桂北国家自主创新示范区 4 市，南宁市主要布局现代物流、金融商务、科技服务、软件与信息服务、文化创意、节能环保等生产性服务业集聚区；柳州主要布局现代物流、软件与信息服务、科技服务、金融商务等类集聚区；桂林主要布局软件信息服务、金融商务、科技服务、新型/特色专业市场、教育培训等类集聚区；北海主要布局科技服务、软件与信息服务等类集聚区。作为广西"十三五"期间生产性服务业重点发展的产业，科技服务、软件与信息服务、金融商务、现代物流4类生产性服务业在南柳桂北国家自主创新示范区4市进行了重点布局，这为提高以高新技术产业和战略性新兴产业为主的南柳桂北国家自主创新示范区核心产业的创新绩效提供了更有效的保障。

二、"多城多区多平台"创新网络的交互协同

从上一节的分析可以看出，所谓的螺旋结构创新模型，其实质是充分发挥各创新"利益相关者"的创新动能，在共同形成的创新区域的创新链条中，相互传递这种创新动能，互为创新需求和创新供给，使创新可以螺旋上升。这个螺旋结构，放置到"多城多区多平台"的创新网络中，对于研发、技术转化、产业应用能力存在较大差异的城市来说，通过不同角色定位和相互补充，方可有效提升总体创新绩效。"三螺旋"模型中，企业（产业）、大学以及政府三类主体在知识空间、趋同空间以及创新空间的彼此重叠和交叉中发生相互作用，推动着多区域创新生态系统的运行。而系统中研究群落、开发群落和应用群落发生循环往复、优势互补、螺旋向上的相互作用，与"三螺旋"空间环境的运行方向保持一致，并共同推动着区域协调发展（张贵、温科，2017）。

参照京津冀协同创新网络模型（张贵、温科，2017），结合南柳桂北城市带"创新走廊"空间结构（见第五章），可以构建南柳桂北国家自创区"多城多区多平台"区域创新生态系统模型（见图7－5）。在南柳桂北国家自主创新示范区"多城多区多平台"的区域创新生态系统中，南宁、桂林具有丰富的科教机构和资源，形成若干研究群落；南宁、柳州、桂林孵化平台和科技成果转化能力较强，形成若干开放群落；整个示范区，制造业仍是主要创新产品和创新产业，各市均需形成丰富多样的应用群落，使创新落到现实产品上来。

结合当前创新发展的现实状况，对创新主体进行细分研究发现，在整个创新链条中，除"政产学"三螺旋创新的政府、产业、大学三大创新主体外，还有研究机构、资本部门以及创新产品的用户群体三大主体发挥重要作用。其中，研

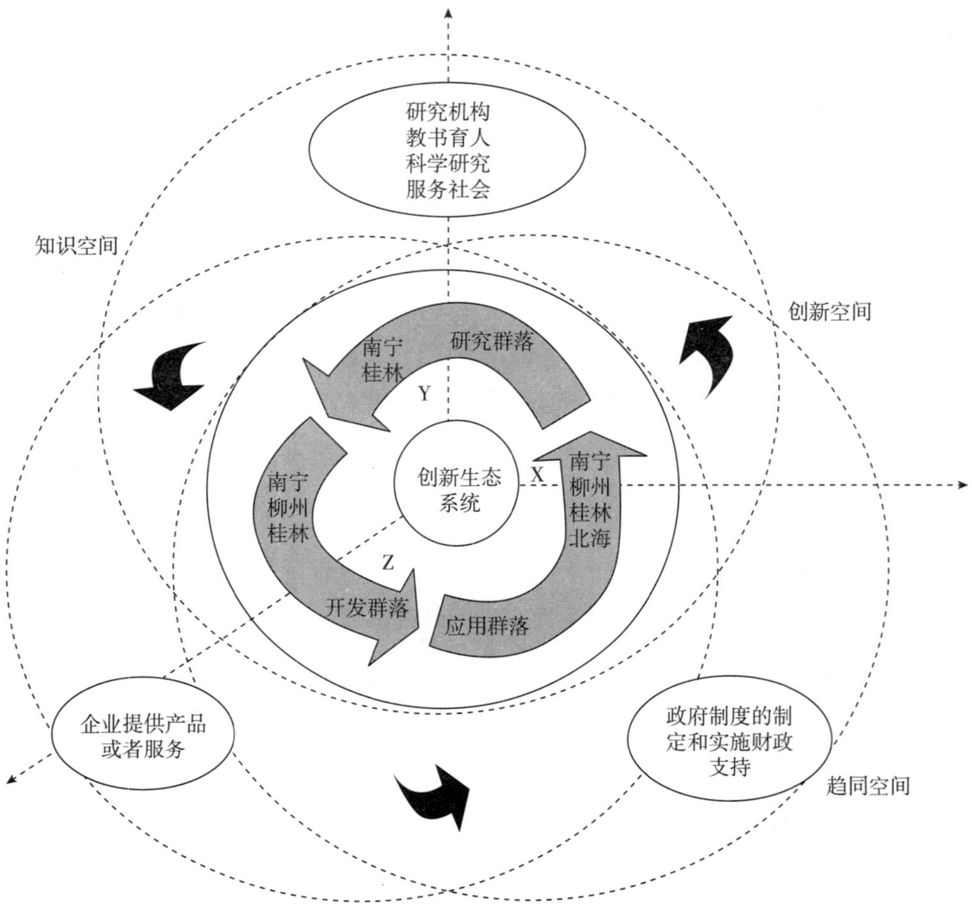

图 7－5　南柳桂北国家自创区“多城多区多平台”区域创新生态系统模型

究机构总体上和大学有相似的定位，都是主要的知识创新主体（部分研究机构也兼有大学所具备的创新人才培养职能），因此可以作为同一个主体进行分析。而创新产品的用户群体，具有判定创新是否有效的监督作用：能够满足用户实际需求的创新才是正确的，也才具有可持续性。而资本部门的主要作用是为创新提供资金支持，并通过其营利性、目的性和风险性所带来的信息处理、风险分散、成本监控等自发性功能，对协同创新起到了良好的协调作用。从而基于协同创新中的三螺旋理论，可以构建“政产学研用资”协同创新“三三螺旋模式”，即由政府、产业、大学组成的“创新三螺旋”，由政府、大学和研究机构、用户构成的

"可持续发展三螺旋"，以及由政府、资本部门、用户构成的"资金联动三螺旋"（吴卫红等，2018）。

作为国家创新体系的重要支撑和载体，南柳桂北国家自主创新示范区内的创新网络，其创新主体需要进行具体分析，从而可以更有效地发挥各创新主体的能动性。总体来看，除一般意义上的"政产学研用资"创新动力传递机制外，需要重点探讨国家自主创新示范区"多城多区多平台"的创新网络中最具有特色创新主体的创新动力。由于用户是指整个市场的用户，面向全国乃至全球市场，所以对于国家自主创新示范区这类地域范围较小的区域创新系统来说，用户可以不视为国家自主创新示范区创新网络的构成部分。而资本部门主要是为创新企业提供金融服务，也即资本部门不过是"生产性服务业"的一个重要组成部分。因此，南柳桂北国家自主创新示范区内生产性服务业独立的螺旋创新模式（见图 7－4）实际上成为"政产学资"四螺旋创新模式。从政府层面来看，南柳桂北国家自主创新示范区 4 个城市的"多城"分割结构，需要形成"城市群一体化"式的"创新走廊"协同创新结构，其核心是各国家高新区等园区创新平台的协同。从产业层面来看，各类创新企业等微观创新主体，通过高新技术产业和战略性新兴产业集群发展，形成产业链上中下游协同的创新链。从大学与科研机构来看，高层次的科技创新机构及科研平台，形成知识创新的协同平台，共同突破共性关键技术和核心技术，实现有效的科技成果转化。从资本部门等生产性服务业来看，对核心产业创新的支持和协调作用非常重要，但对于南柳桂北国家自主创新示范区而言，其发展水平存在很大程度上的不足，需要从示范区建设的整体层面协同发展。"多城多区多平台"协同发展，是创建南柳桂北国家自主创新示范区的重要推动力。这种推动力，可以通过在不同的创新链和产业链位置上的多样化"螺旋结构"来形成创新网络交互协同的持续创新产出。

结合图 7－4 所示生产性服务业独立的螺旋创新模式和"政产学资"四螺旋创新模式，各创新主体具有自身特定的功能定位，从而形成了两条互相对流的创新路径：一条是政府主导的自上而下的创新驱动路径（见图 7－6 中的外侧粗线），另一条是企业主导的自下而上的创新驱动路径（见图 7－6 中的内侧细线）。这两条创新路径，串接了"多城多区多平台"丰富而又较为分散的创新资源，从而形成了交互协同的复杂创新网络，促进南柳桂北国家自主创新示范区的形成。

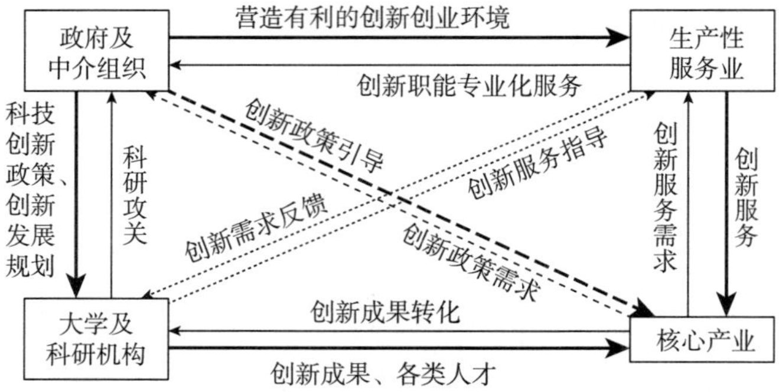

图7－6　生产性服务业独立的螺旋创新模式下创新路径

第八章　关键协同之五：创新创业政策与环境协同完善

第一节　国家自主创新示范区创新创业政策和环境分析

一、创新政策与环境对创新的积极作用

美国硅谷成功的关键在于它具有使创业精神转化成科技创新的制度环境和基础条件，探索建立有效促进自主创新的制度环境和政策条件是我国自主创新示范区建设的关键。研究表明，创新政策（人才引进、科技金融、知识产权、科技成果转化等）对创新驱动具有很强的推动作用，能有效地提高区域创新能力。

美国128号公路与硅谷这两个世界上最早的高新技术产业区，前者渐渐衰落而后者却蒸蒸日上，原因在于两者制度政策和文化环境不同（Saxenian，1994）；硅谷成功的关键在于它具有使创业精神转化成科技创新的制度环境和基础条件。对我国高新技术产业发展的研究发现，虽然我们强调制度供给更甚于技术，但制度供给在中央政府、地方政府和企业三个层次都遇到障碍，政策的红利发挥仍有很大不足（高华云，2012）。因此，探索建立有效促进自主创新的制度环境和政策条件是我国自主创新示范区试点的关键。通过建立武汉东湖国家自主示范区创新驱动的系统动力学模型的仿真研究发现，创新政策（人才引进政策、科技金融政策、知识产权政策、科技成果转化政策）对创新驱动具有较强推动作用，有效

地引导和推动了创新驱动战略的实施，提高了区域创新能力和经济发展水平（刘姿媚、谢科范，2016）。

由于我国国家自主创新示范区的主要功能可以归纳为积极开展创新政策先行先试、着力培育良好的创新创业生态、全面提升区域创新体系整体效能3个主要方面（见第一章有关内容），制度创新和政策体系建设是我国自主创新示范区研究当中内容最为丰富的领域。一些学者认为，政府是推进创新配套环境的主导力量（辜胜阻、马军伟，2010），各类试点政策使示范区创新环境进一步优化（郭戎等，2013）；另一些研究则具体分析了各项政策，主要包括股权和分红激励（刘晓燕，2014）、财税政策（张福来等，2011）、成果转化（徐顽强等，2012）、科技金融（代利娟、张毅，2013）、大学生创业（肖潇、汪涛，2015）、人才政策（李燕萍等，2016）等。

二、现有主要国家自主创新示范区创新政策分析

我国国家自主创新示范区建设的主要任务之一就是要完善体制机制（刘延东，2009），而示范带动作用的发挥，也包含了体制机制创新的示范。中关村科技园区被国务院同意建设为我国首个国家自主创新示范区的批复中，就明确地指出采取开展股权激励试点、深化科技金融改革创新试点、国家科技重大专项项目（课题）经费中按规定核定间接费用、支持新型产业组织参与国家重大科技项目、实施支持创新创业的税收政策等政策措施支持国家自主创新示范区建设（国函〔2009〕28号）。因此，正如第一章第二节所归纳的那样，国家自主创新示范区主要建设内容包括构建创新创业生态体系、全面推进改革创新两个方面的政策创新。我国现有20个国家自主创新示范区建设试行的有关创新政策，其代表性范畴如表8－1所示。

总结中关村国家自主创新示范区成功经验，“1+6”政策先行先试是推动中关村创新发展的重要里程碑（周洪宇等，2014）。“1+6”政策中的“1”指首都创新资源平台（中关村科技创新和产业化促进中心），“6”指中关村先行先试的6条新政策：中央单位科技成果处置权和收益权改革、股权激励政策、税收优惠政策、科研项目经费分配管理改革、高新技术企业认定试点、全国场外交易市场和试点。2013年，出台了“新四条”政策：高新技术企业认定中文化产业支撑

技术等领域范围、有限合伙制创业投资企业法人合伙人企业所得税、技术转让企业所得税、企业转增股本个人所得税 4 项。先行先试的 6 条新政策以及“新四条”政策，2013 年和 2015 年，这些试点政策在全国推广（曲婷，2017）。从各国家自主创新示范区具体的政策创新来看，在已经实施的中关村 6 条新政策、“新四条”政策的基础上，各国家自主创新示范区先行先试各具特色的创新政策。

表 8 – 1　国家自主创新示范区代表性创新政策概览

序号	示范区名称	代表性政策范畴
1	北京中关村	科技创新与成果转化体制、政府监管服务、开放式创新体制；高端人才引进机制、人才培养流动和评价机制，科技信贷、创投基金、多层次资本市场体系、互联网金融、科技保险、新金融生态体系、政策性金融服务，创新创业市场化服务体系、创新创业基础环境、创新创业文化
2	武汉东湖	科技成果转化及其产业化体制机制，科技资源开放共享和激励机制，多层次多元化投融资体系，科技金融创新，科技型中小企业融资风险担保补偿机制，人才双向交流机制，股权激励制度
3	上海张江	科技投入长效机制，人才双向流动机制，股权和分红激励，科技金融信用服务体系，科技保险，知识产权管理机制，市场导向的技术转移机制，科技创新资源共建共享
4	深圳	创新激励机制，科技成果有效转移转化新机制，科技资源与金融资源有效对接机制，自主创新担保和再担保体系，知识产权质押融资担保机制和风险补偿机制
5	苏南	科技成果转移转化，科技资源开放共享，股权激励，产业技术创新机制，国有控股院所转制企业建立健全科技成果转化激励机制，科技金融创新，科技保险
6	长株潭	科技成果转化机制，科研院所转制改革，军民融合机制，科技金融结合机制，股权和分红激励，外籍高端人才使用机制
7	天津	社会资本投融资服务激励，知识产权质押融资市场化风险补偿机制，跨区域技术转移转化合作机制
8	成都	科技成果转化，科技金融结合，知识产权运用和保护，新型创新组织培育，科技资源开放共享和激励机制，国资创投管理机制，人才双向流动机制
9	西安	科技成果转移与转化，科技金融，军民融合，统筹科技资源，知识产权运用和保护，产城融合
10	杭州	知识产权运用与保护，科技金融结合，人才双向流动机制，股权和分红激励

续表

序号	示范区名称	代表性政策范畴
11	珠三角	重点产业知识产权导航机制，技资源开放共享，互联网非公开股权融资，知识产权证券化交易，外籍高层次人才引进，财政科技经费投入和评价机制，科技成果转化机制
12	郑洛新	技术创新市场导向机制，科研人员成果转化收益机制，专利导航产业发展机制，重大经济活动知识产权评议制度，企业主导的产学研协同创新机制，科技型企业投融资机制
13	山东半岛	科技型企业研发投入普惠制奖励补贴政策，“创新券”使用负面清单制度，科技成果转化贷款风险补偿机制，新型产学研合作机制，“民参军”“军转民”军民融合科技创新机制
14	沈大	技术创新市场导向机制，产学研长效合作机制，科技成果转化机制，科技保险，股权质押融资风险补偿机制
15	福厦泉	开放式技术转移机制，两岸科技合作机制，科技成果转移转化网络机制，科技金融公共服务体系
16	合芜蚌	科技成果转化和产业化机制，大型科学仪器共享共用机制，企业股权和分红激励政策，高校院所科研评价激励机制，科技保险，知识产权质押融资市场化风险补偿机制
17	重庆	科技成果转移转化，军民深度融合，科技金融结合，股权激励，新型创新组织培育，知识产权保护和运用
18	宁温	科技评价机制，海外人才流动机制，国际技术转移机制，离岸科技创新园，“科技飞地”合作，涉外知识产权争端解决机制，民营经济创新创业支持政策
19	兰白	技术创新市场导向机制，高层次创新平台载体建设，区内外高端人才引进，非上市股份转让，科技成果使用处置和收益管理，股权和分红激励，产业创新协同发展机制，科技成果转移转化机制
20	乌昌石	订单式研发和成果转化机制，知识产权转化运用促进机制，领导人员科技成果转化奖励机制，柔性人才引进机制

武汉东湖国家自主创新示范区 2009 年 12 月获批建设，湖北省、武汉市先后出台了 14 项优惠政策，涉及股权激励和科技成果转化、科技金融改革、新型产业组织参与国家科技重大专项、政府采购、财税政策、高层次人才引进和培养、高新区管理体制改革创新等，称为“鄂 14 条”（周洪宇等，2014）。武汉东湖国

家自主创新示范区跟中关村一样，是在单个国家高新区建设的国家自主创新示范区，作为第二个国家自主创新示范区，其政策创新具有非常明显的先行先试特征。从“鄂14条”来看，其14个政策文件，《武汉市自主创新产品目录》《武汉市技术先进型服务企业认定管理办法》《武汉市人民政府关于强化企业技术创新主体地位提升企业自主创新能力的若干意见》3个文件武汉市适用，整个武汉市同步实施。其余11个文件均是针对武汉东湖国家自主创新示范区出台的专门文件，是东湖国家自主创新示范区政策先行先试的依据。

而2014年12月获批建设的长株潭国家自主创新示范区，是全国第6个国家自主创新示范区和第2个依托城市群建设的国家自主创新示范区（仅比苏南晚2个月，属同期建设）。处于我国国家自主创新示范区开始建设已经五年的阶段，并且在2015年3月，中共中央、国务院发布了《中共中央国务院关于深化体制机制改革加快实施创新驱动发展战略的若干意见》，我国有关创新驱动发展的理念、思路、方针、政策及法规逐步开始完善和在全国推行实施。因此，长株潭国家自主创新示范区政策创新先行先试的政策空间先发优势相对减弱。这可以从长株潭国家自主创新示范区获批建设后的2015～2016年实施创新政策方面的文件显示出来。据归纳梳理，2015～2016年长株潭国家自主创新示范区建设相关政策文件33项，其中国家部委以上发布的19项，湖南省发布的14项，其中只有1项文件是专门针对长株潭国家自主创新示范区的政策文件，即《中共湖南省委、湖南省人民政府关于建设长株潭国家自主创新示范区的若干意见》（湘发〔2015〕19号）①（曲婷，2017）。湘发〔2015〕19号文件2015年11月印发，共20条，可称为“湘20条”。此后，至2017年2月，《关于建设长株潭国家自主创新示范区的若干意见》配套实施办法制定工作方案才出台（湘创组〔2017〕3号）。因此，这个阶段的国家自主创新示范区政策创新和先行先试，更多的是对创新政策具体实施的经验总结和问题发现，从而促进新时代“双创”背景下，我国创新驱动发展战略下的创新政策完善，而非国家自主创新示范区内部独特和先人一步的开拓式政策探索。

① 《长株潭国家自主创新示范区发展规划纲要（2015－2025年）》（国科发高〔2016〕50号）属规划文件，非政策文件，故不计算在内。

第二节　南柳桂北国家自主创新示范区政策创新协同

一、“多城多区”政策协调

建设南柳桂北国家自主创新示范区，是在4个地域空间分散的城市和高新区进行的，各城市和高新区的发展水平、创新创业环境、政策条件、管理效能等都有所差异。在“大众创业、万众创新”蓬勃兴起的良好局面下，南宁、柳州、桂林、北海4市及其国家高新区，需要关注现有差异，从整体统筹角度，系统优化创新创业的生态环境。强化政策供给，并强化各市各高新区间的政策协同，充分释放国家高新区及4市的创新创业潜能，切实有效地提高创新效率、缩短创新路径，从而增强创新创业的发展实效。

政府是推进创新配套环境的主导力量，各类试点政策使创新环境进一步优化，这些政策主要包括股权和分红激励、财税政策、成果转化、科技金融、大学生创业、人才政策等。这些创新政策，在各个城市及以国家高新区为核心的示范区如何需整体统筹，并协同完善。尤其是在目前已有的“多城”模式下创建的国家自主创新示范区，仅有宁波温州国家自主创新示范区不是在原有已经建设的城市群基础上建设。宁波温州国家自主创新示范区的宁波、温州两市和两个国家高新区，以其在全国已经形成模式和典型的民营经济创新为纽带，实现政策创新和协同完善。建设南柳桂北国家自主创新示范区，必须形成城市群创新政策协同。强化城市群天然纽带对各城市之间的创新政策的引导性和普适性，克服城市之间的地理分割带来的政策差别以及实施走样。对于国家高新区而言，强化相互联系，尤其是注意产业差异化创新发展或同行业创新共享共进。南柳桂北4个城市之间，应紧紧扣住面向东盟的区域性创新中心和“一带一路”有机衔接的重要门户这两个核心定位，找准自身的创新政策着力点，全面提升区域创新体系整体效能。探索系统性、整体性、协同性创新模式，破解创新体系“孤岛现象”，解决创新要素“碎片化”分散问题，实现科技创新的“聚变”和“裂变”效应。

二、产业创新政策协同

搭建产业创新发展平台，打造产业创新中心，形成创新型产业集群，建成高端产业集聚区，引领国家产业转型升级，构建创新型产业新体系，从而提升我国产业国际竞争力，促进国家经济高质量发展，这是国家自主创新示范区提升自主创新能力中极为核心的建设内容。如第七章第一节所述，国家自主创新示范区主要发展的是高新技术产业和战略性新兴产业。南柳桂北国家自主创新示范区主要产业包括：新一代信息技术产业、生物产业、高端装备制造产业、新材料产业以及节能环保产业五大产业，均属广西确定的六大战略性新兴产业范畴。为充分发挥产业创新效能，需形成统一的城市群产业创新政策体系。

具体来说，需紧扣广西经济高质量发展的实际需要，形成南柳桂北国家自主创新示范区优势产业和潜力产业中高端化发展的良性互动机制。一是在各国家高新区分别形成具有优势的新一代信息技术产业、生物产业、高端装备制造产业、新材料产业、节能环保产业五大产业集群。二是跨国家高新区形成同一核心产业的上、中、下游产业链组合，实现跨区的产业互补。三是跨城市形成相应的产业技术联盟，通过创新信息沟通和隐性知识的流动，促进产业关键共性技术的突破，从而推动该产业的跨越式发展。

三、企业创新政策协同

党的十九大报告提出，要“深化科技体制改革，建立以企业为主体、市场为导向、产学研深度融合的技术创新体系，加强对中小企业创新的支持，促进科技成果转化。倡导创新文化，强化知识产权创造、保护、运用”。企业是创新发展当中最活跃的创新主体，而政府科技政策作为一种有效的政策工具，必须对企业创新起作用，才能实现政策目标。政策工具作用于企业技术创新着力点涉及知识产权、政学研、教育培训、宏观环境等，主要包括知识产权法规、政学研结合、教育经费投入、现有 R&D 人员培训、高端人才引进、宏观经济稳定性、基础设施建设等方面。南柳桂北国家自主创新示范区应充分发挥企业作为自主创新主体的能动性，统筹企业创新支持政策，围绕帮助提升企业创新效能和自主创新能力而施政布策（见图 8－1）。

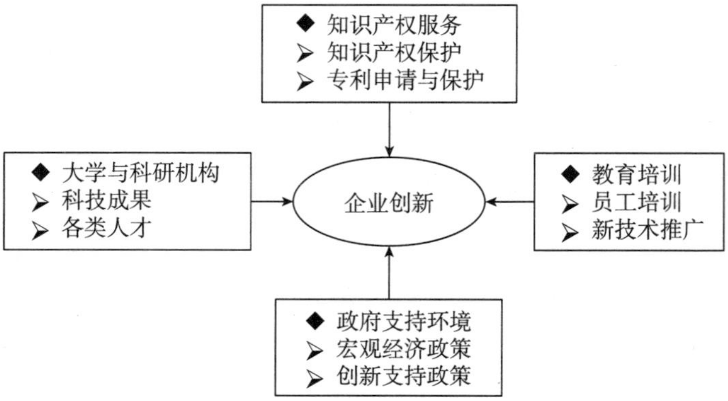

图 8－1　面向企业创新的政策协同

尤其是，系统做好创新领先企业的扶持、奖励激励。4 市和 4 个国家高新区统筹提升整个南柳桂北城市群企业创新，积极组织培育“独角兽企业”，鼓励申报建设“瞪羚企业”，推荐和指导高新技术企业认定。培育和扶持更多创新型企业等微观创新主体，并通过营造有利的创新创业政策环境，科技成果转化和人才供给的输入，知识产权保护和教育培训等高水平生产性服务业的支撑，保证企业创新获得高创新绩效。

四、生产性服务业协同发展政策

南柳桂北国家自主创新示范区 4 市“十三五”期间重点布局的科技服务、软件与信息服务、金融商务、现代物流 4 类生产性服务业，与核心产业的产品创新具有非常紧密的联系，对提高以高新技术产业和战略性新兴产业为主的南柳桂北国家自主创新示范区核心产业的创新绩效具有非常重要的积极作用。

针对上述 4 类主要生产性服务业，根据各城市特质，进行统筹规划，实现协同发展。其中科技服务业、软件与信息服务业作为高新技术产业和战略性新兴产业的必要支撑，南柳桂北 4 市均需大力发展，并形成南宁、桂林两个核心。而金融商务业主要在南宁、柳州、桂林发展，并形成南宁核心。现代物流业主要在南宁、柳州发展，并形成南宁、柳州两大核心。

当然，上述多城多区、产业、企业、生产性服务业等不同层面的创新政策协同，是整体机制。对具体的创新政策，也需进行协同。比如创新人才引进培养激励机制方面，实施“南柳桂北高层次人才聚集工程”，统筹重点产业领域，引进和培养国内外高层次人才和团队，对科技创新人才进行激励。又如科技成果转化方面，构建示范区统一的技术交易、投融资等支撑服务平台建设，订立统一的标准，对成果转化、转让的收益进行奖励。

总之，南柳桂北 4 市 4 区，应形成城市群整体、系统的创新政策协同，这样才能形成合力，实现其他几个方面的高效协同，从而加快推进南柳桂北国家自主创新示范区建设。

参考文献

［1］ Belussi F，Sammarra A，Sedita SR．Learning at the boundaries in an "Open Regional Innovation System"：A focus on firms' innovation strategies in the Emilia Romagna life science industry［J］．Research Policy，2010，39（6）：710－721.

［2］ Birch D L，Medoff J. Gazelles［A］．Solmon L. C.，Levenson A. R.（eds.）Labor markets，employment policy and job creation. Westview Press，Boulder，1994：159－167.

［3］ Cooke P，Uranga MG，Etxebarria G. Regional innovation systems：Institutional and organizational dimensions［J］．Research Policy，1997（26）：475－491.

［4］ Saxinian A. Regional Advantage：Culture and Competition in Silicon Valley and Route 128［M］．Cambridge：Harvard University，1994.

［5］ Huang Y，Audretsch DB，Hewitt M. Chinese technology transfer policy：the case of the national independent innovation demonstration zone of East Lake［J］. Journal of Technology Transfer，2013，38（6）：828－835.

［6］ Tann，J. A regional innovation system in a small－sized region：a clustering model in Zhongguancun Science Park［J］．Technology Analysis & Strategic Management，2005，17（3）：375－390.

［7］ 白雪，宋玉祥．中国生产性服务业发展水平的时空特征及其影响因素［J］．人文地理，2019（3）：118－127.

［8］ 曹方．独角兽企此如何引领颠覆性创新？［J］．高科技与产业化，2017（1）：18－21.

［9］ 曹健林．新时期国家高新区发展战略［J］．中国高新区，2007（8）：

10－15.

［10］曹坤华．构建全方位开放创新体系厚植广西高质量发展根基［N］．广西日报，2018－12－25（10）．

［11］陈宝明．坚持“开放观”，积极融入全球创新网络［N］．科技日报，2018－12－03（001）．

［12］陈文强．沪嘉杭G60科创走廊协同创新模式［J］．决策，2017（9）：47－49.

［13］陈志明．全球创新网络的特征、类型与启示［J］．技术经济与管理研究，2018（6）：49－53.

［14］楚天骄，宋韬．中国独角兽企业的空间分布及其影响因素研究［J］．世界地理研究，2017（6）：101－109.

［15］代利娟，张毅．武汉东湖国家自主创新示范区科技金融创新研究［J］．科技管理研究，2013（6）：4－8.

［16］邓海涛，柯丽菲，黄莹莹．新常态下广西生产性服务业发展的对策研究［J］．广西质量监督导报，2019（3）：120－122.

［17］高华云．高新技术开发区制度需求和供给分析——以武汉东湖自主创新示范区为例［J］．科技进步与对策，2012（23）：108－113.

［18］辜胜阻，马军伟．推进国家自主创新示范区建设的政策安排［J］．财政研究，2010，11：2－6.

［19］顾新．区域创新系统的内涵与特征［J］．同济大学学报（社会科学版），2001（6）：32－37.

［20］顾新．区域创新系统论［D］．成都：四川大学，2002.

［21］郭声琨．推动结构调整加快富民兴桂［J］．求是，2005（23）：35－37.

［22］郭细根．创新型企业空间分布及其影响因素研究——来自全国676家创新型试点企业的数据分析［J］．科技进步与政策，2016（15）：62－67.

［23］郭勇．基于三螺旋理论的粤港澳大湾区城市协同创新研究——以佛山市为例［J］．朱海潮，2018（4）：65－78.

［24］郭戎，薛薇，张俊芳，张明喜，魏世杰．国家自主创新示范区科技创

新政策评价研究［J］．中国科技论坛，2013（11）：11－15＋54.

［25］后锐，张毕西．企业开放式创新：概念、模型及其风险规避［J］．科技进步与对策，2006（3）：140－142.

［26］胡斌，陈晓红，王小丁．创新型城市群创新能力评价研究——基于长株潭“两型社会”综合配套改革试验区的实证分析［J］．经济问题探索，2009（5）：153－161.

［27］胡树华，邓恒进，牟仁艳，杨洁．区域创新系统运行的“四三结构”模型及机理研究［J］．科技管理研究，2009（12）：20－22＋34.

［28］胡树华，牟仁艳．创新型城市的概念、构成要素及发展战略［J］．经济纵横，2006（8）：61－63.

［29］胡树华，王松，邓恒进．基于“四三结构”模型的国家自主创新示范区建设研究——以武汉东湖国家自主创新示范区为例［J］．科技进步与对策，2011，28（9）：29－32.

［30］黄洲，张洪石，黄红，邓杨素，曹玉娟．大力推进开放式创新促进创新跨越发展［J］．广西经济，2015（12）：24－25.

［31］李少游．广西国土资源特征与区域经济发展研究［D］．长春：吉林大学，2005.

［32］李燕萍，郑安琪，沈晨，罗静子．国家自主创新示范区人才政策评价——以中关村与东湖高新区为例（2009－2013）［J］．武汉大学学报（哲学社会科学版），2016（2）：85－89.

［33］柳岸．我国科技成果转化的三螺旋模式研究——以中国科学院为例［J］．科学学研究，2011（8）：1129－1134.

［34］刘剑，陶应虎．城市群创新一体化发展难点与对策建议——以苏南国家自主创新示范区为例［J］．经济纵横，2017（4）：91－95.

［35］刘晓燕．让创新者有其权——中关村国家自主创新示范区探索股权和分红激励［J］．中国人才，2014（11）：8－10.

［36］刘延东．建设国家自主创新示范区加快推进创新型国家建设［J］．中国科技产业，2009（4）：10－13.

［37］刘志彪．从全球价值链转向全球创新链：新常态下中国产业发展新动

力［J］．学术月刊，2015（2）：5－14.

［38］刘姿媚，谢科范．创新驱动的系统动力学模拟——以武汉东湖国家自主创新示范区为例［J］．科技进步与政策，2016（14）：47－54.

［39］鹿心社．奋力谱写新时代广西发展新篇章［J］．当代广西，2018（17）：12－13.

［40］马琳，吴金希．全球创新网络相关理论回顾及研究前瞻［J］．自然辩证法研究，2011（1）：109－114.

［41］曲婷．国家自主创新示范区政策创新研究——以长株潭为例［M］．西安：西安交通大学出版社，2017.

［42］唐炳汉．自治区自主创新示范区［C］．//广西壮族自治区科学技术厅．广西科技年鉴2015［M］．南宁：广西人民出版社，2017.

［43］汤临佳，李翱，池仁勇．创新走廊：空间集聚下协同创新的新范式［J］．自然辩证法研究，2017，33（1）：31－37.

［44］滕堂伟，葛冬亚，胡森林．张江国家自主创新示范区产业结构及空间联系优化研究［J］．科技进步与对策，2018（12）：42－48.

［45］王德禄．“瞪羚企业”高新区发展的新动力［J］．中国高新区，2007（4）：32－36.

［46］王玲杰，李斌，彭俊杰，王元亮．国家自主创新示范区建设比较与实证研究［M］．北京：社会科学文献出版社，2018：2.

［47］王涛．强化区域协同创新——打造G60沪嘉杭科技创新走廊的战略构想［N］．浙江日报，2016－10－27（15）．

［48］王谢勇，王爽，孙毅．国家自主创新示范区协同发展研究：以大连市为例［M］．北京：经济科学出版社，2017.

［49］王兴中．空间集聚经济与西部城镇密集区的发展［D］．桂林：广西师范大学，2003.

［50］王兴中，范盈超．做好五个关键协同加速创建南柳桂北国家自主创新示范区［J］．广西经济，2018（12）：42－43.

［51］解佳龙，胡树华．国家高新区创新系统的结构框架及运行机理研究［J］．经济体制改革，2014（3）：97－101.

[52] 魏江．多层次开放式区域创新体系建构研究［J］．管理工程学报，2010（S1）：31－37.

[53] 魏先彪．基于创新链的国家创新型城市发展模式与评估研究［D］．合肥：中国科学技术大学，2017.

[54] 吴小玲．广西北部湾开放开发的历史发展［J］．东南亚纵横，2011（8）：57－61.

[55] 吴卫红，陈高翔，张爱美．"政产学研用资"多元主体协同创新三三螺旋模式及机理［J］．中国科技论坛，2018（5）：1－10.

[56] 肖潇，汪涛．国家自主创新示范区大学生创业政策评价研究［J］．科学学研究，2015（10）：1511－1519.

[57] 徐冠华．增强自主创新能力加快国家高新区建设与发展［J］．中国软科学，2006（8）：1－8.

[58] 徐顽强，金曼，张红方．武汉东湖国家自主创新示范区重大科技成果产业化政策激励研究［J］．科技进步与对策，2012（6）：100－103.

[59] 严建援，杨银厂．基于区域层次的开放创新体系研究：行为主体功能要素框架模型［J］．科学学与科学技术管理，2015（3）：37－45.

[60] 郑广建．郑洛新国家自主创新示范区发展模式的选择与对策思考［J］．区域经济评论，2018（3）：68－73.

[61] 杨乐．南宁成国家创新型城市试点自主创新提升竞争力［N］．南宁日报，2010－05－12（1）．

[62] 张福来，周学云，张灼，江羽翔，陈荣华，王创．支持东湖国家自主创新示范区建设的财税政策研究［J］．经济研究参考，2011（69）：34－49.

[63] 张贵，温科．基于"三螺旋"的京津冀协同创新网络构建研究［J］．河北经贸大学学报，2017（6）：84－94.

[64] 张海波，李纪珍，余江，曾路．创新型企业：概念、特征及其成长［J］．技术经济，2013（12）：15－20＋39.

[65] 赵黎明，李振华．城市创新系统的动力学机制研究［J］．科学学研究，2003（1）：97－100.

[66] 曾鹏．广西桂柳南北中心城市带的构建［J］．改革与战略，2006

(1)：45－48.

［67］周洪宇等．国家自主创新示范区建设政策与立法研究［M］．北京：人民出版社，2014.

［68］钟振清，李东霖．国家自主创新示范区建设四大特点及对广西的启示［J］．广西经济，2017（2）：34－35.

［69］周勇，葛沪飞等．苏南国家自主创新示范区创新指数分析及其产业发展研究［M］．南京：东南大学出版社，2015.

［70］朱晓霞．区域创新系统中的“区域边界”问题研究［J］．科技进步与对策，2008（9）：24－27.

附　录

附录一：参考的有关新闻报道

[1] 科技部．国家自主创新示范区带动形成区域创新高地［EB/OL］．http：//www. most. gov. cn/kjbgz/201804/t20180404_ 138980. htm，2018－04－04.

［2］陈娟．桂林积极创建自治区级自主创新示范区［N］．桂林日报，2015－05－03（1）．

［3］宋建元，王频．绘就科技创新事业的美丽画卷——全区创新驱动发展大会召开一周年来成绩盘点［N］．广西日报，2017－09－22（5）．

［4］李新雄．广西4市获批建设自主创新示范区［N］．广西日报，2017－12－15（7）．

［5］宋建元，李新雄，罗文彬．创新撬动活力广西——2018年全区科技创新工作亮点回眸［N］．广西日报，2019－01－23（4）．

［6］徐莹波．桂林经开区前三季度规模工业产值超额完成全年目标任务［N］．桂林日报，2018－11－01（002）．

［7］孙敏，施凤莲．桂林科技成果交易平台运营良好［N］．桂林日报，2018－02－24（001）．

［8］桂晨，李慧敏．改革开放40载，桂林值得铭记的10个历史瞬间［N］．桂林日报，2018－12－18（3）．

［9］陈钧．渝桂黔陇合力打造南向通道　深度融入“一带一路”发展［N］．

重庆日报，2017－09－02（002）.

［10］陈钧，杨骏．西部九省区市签约合作共建“陆海新通道”［N］．重庆日报，2019－05－17（3）.

［11］郑盛丰，庞革平，田丰．一湾相挽十一国　良性互动东中西——广西北部湾经济区发展规划获准实施述评［N］．人民日报（海外版），2008－02－26（2）.

［12］王念，王军伟，潘强．一湾相挽十一国，良性互动东中西——广西全力实施开放带动战略打造“一带一路”重要支撑［N］．新华每日电讯，2017－05－11（6）.

［13］刘华新，庞革平，李纵．南向、北联、东融、西拓广西：开放发展迈出新步伐［N］．人民日报，2018－05－06（01）.

［14］江东洲．深化科技合作助力打造中国——东盟协同创新共同体［N］．科技日报，2016－09－08（7）.

［15］江东洲，刘昊．“一带一路”倡议下　开启中国—东盟科技园区创新合作新模式［N］．科技日报，2018－09－14（3）.

［16］南宁日报评论员．升级“南宁渠道”走活开放发展这盘“棋”［N］．2019－04－27（002）.

［17］南宁市科学技术局，我市召开2018年南宁市科技创新发展情况新闻发布会［EB/OL］．http：//kjj. nanning. gov. cn/kjgl_ 13355/kjdt/nnkj/t1587003. html，2019－01－11.

［18］冯梓剑．科技创新为南宁高质量发展注入新动能［N］．南宁日报2019－01－12（1－2）.

［19］包海波，潘家栋．以G60科创走廊促长三角一体化［N］．浙江日报，2019－03－07（9）.

［20］佘惠敏．我国高新技术企业达18.1万家［N］．经济日报，2019－01－10（3）.

附录二：引述的政策文件目录[①]

一、国家政策文件

1. 中共中央　国务院，关于印发《国家创新驱动发展战略纲要》的通知（中发〔2016〕4 号）

2. 国务院，关于批准国家高新技术产业开发区和有关政策规定的通知（国发〔1991〕12 号）

3. 国务院，关于同意支持中关村科技园区建设国家自主创新示范区的批复（国函〔2009〕28 号）

4. 国务院，关于同意支持上海张江高新技术产业开发区建设国家自主创新示范区的批复（国函〔2011〕8 号）

5. 国务院，关于同意支持天津滨海高新技术产业开发区建设国家自主创新示范区的批复（国函〔2014〕163 号）

6. 国务院，关于同意重庆高新技术产业开发区建设国家自主创新示范区的批复（国函〔2016〕130 号）

7. 国务院，关于同意乌鲁木齐、昌吉、石河子高新技术产业开发区建设国家自主创新示范区的批复（国函〔2018〕145 号）

8. 国务院，关于珠江—西江经济带发展规划的批复（国函〔2014〕87 号）

二、部委政策文件

1. 科技部　国务院国资委　中华全国总工会，关于开展创新型企业试点工作的通知（国科发政字〔2006〕110 号）

2. 科技部，关于印发《创新型科技园区建设指南》的通知（国科发火

① 按发文部门分类后，根据发文时间先后排序。

〔2008〕273号）

3. 科技部，关于进一步推进创新型城市试点工作的指导意见（国科发体〔2010〕155号）

4. 科技部，关于印发创新型特色园区建设指南的通知（国科发火〔2010〕244号）

5. 科技部，关于印发东湖国家自主创新示范区发展规划纲要（2011－2020年）的通知（国函〔2012〕21号）

6. 科技部，关于同意株洲等5家国家高新技术产业开发区创新型特色园区建设方案的批复（国科发火〔2013〕131号）

7. 科技部，关于印发上海张江国家自主创新示范区发展规划纲要（2013－2020年）的通知（国科发高〔2013〕504号）

8. 科技部，关于印发《深圳国家自主创新示范区发展规划纲要（2015－2020年）》和《深圳国家自主创新示范区空间布局规划（2015－2020）》的函（国科函高〔2014〕247号）

9. 科技部，关于印发《苏南国家自主创新示范区发展规划纲要（2015－2020年）》的函（国科函高〔2015〕208号）

10. 科技部，关于印发《天津国家自主创新示范区发展规划纲要（2015—2020年）》的通知（国科发高〔2015〕445号）

11. 科技部，关于同意安阳等4家国家高新技术产业开发区创新型特色园区建设方案的批复（国科函火〔2015〕73号）

12. 科技部财政部国家税务总局，关于修订印发《高新技术企业认定管理办法》的通知（国科发火〔2016〕32号）

13. 科技部，关于印发《长株潭国家自主创新示范区发展规划纲要（2015－2025年）》的通知（国科发高〔2016〕50号）

14. 科技部，关于印发建设创新型省份工作指引的通知（国科发创〔2016〕111号）

15. 科技部国家发展改革委，关于印发建设创新型城市工作指引的通知（国科发创〔2016〕370号）

16. 科技部，关于开展第三批创新型产业集群试点的通知（国科发火

〔2017〕374 号）

17. 科技部，关于印发创新型县（市）建设工作指引的通知（国科发农〔2018〕130 号）

18. 科技部，关于公布首批创新型县市建设名单的通知（国科发农〔2018〕301 号）

19. 财政部，国家税务总局科学技术部，关于修订印发《高新技术企业认定管理办法》的通知（国科发火〔2016〕32 号）

20. 工业和信息化部办公厅，关于公布第二批绿色制造名单的通知（工信厅节函〔2018〕60 号）

21. 国家发展改革委，关于印发《中关村国家自主创新示范区发展规划纲要（2011－2020 年）》的通知（发改高技〔2011〕367 号）

22. 国家发展改革委，关于印发 2019 年新型城镇化建设重点任务的通知（发改规划〔2019〕617 号）

23. 国家统计局，战略性新兴产业分类（2018）（国家统计局令第 23 号）

三、省（市、区）政策文件

1. 中共广西壮族自治区委员会广西壮族自治区人民政府，关于提高自主创新能力建设创新型广西的若干意见（桂发〔2012〕21 号）

2. 中共广西壮族自治区委员会广西壮族自治区人民政府，关于实施创新驱动发展战略的决定（桂发〔2016〕23 号）

3. 广西壮族自治区人民政府，关于加快高新技术产业开发区发展的若干意见（桂政发〔2012〕55 号）

4. 广西壮族自治区人民政府，关于下达广西壮族自治区 2015 年国民经济和社会发展计划的通知（桂政发〔2015〕11 号）

5. 广西壮族自治区人民政府，关于印发广西壮族自治区国民经济和社会发展第十三个五年规划纲要的通知（桂政发〔2016〕9 号）

6. 广西壮族自治区人民政府，关于印发广西工业高质量发展行动计划（2018—2020 年）的通知（桂政发〔2018〕30 号）

7. 广西壮族自治区人民政府，关于印发广西科技创新支撑产业高质量发展

三年行动方案（2018—2020 年）的通知（桂政发〔2018〕51 号）

8. 广西壮族自治区人民政府，批复同意设立自治区级贵港高新技术产业开发区（桂政函〔2018〕161 号）

9. 广西壮族自治区人民政府，关于印发 2019 年自治区《政府工作报告》重点工作部门分工方案的通知（桂政发〔2019〕10 号）

10. 广西壮族自治区科学技术厅，关于印发广西壮族自治区高新技术产业开发区创新能力提升计划的通知（桂科高字〔2017〕259 号）

11. 广西壮族自治区人民政府办公厅，关于印发自治区新型城镇化规划（2014—2020 年）主要目标和重点任务分工方案的通知（桂发〔2014〕13 号）

12. 广西壮族自治区人民政府办公厅，关于印发广西战略性新兴产业发展“十三五”规划的通知（〔2016〕108 号）

13. 广西壮族自治区人民政府办公厅，关于印发广西科技创新“十三五”规划的通知（桂政办发〔2016〕111 号）

14. 广西壮族自治区发展和改革委员会广东省发展和改革委员会，联合印发实施南广高铁经济带发展规划（2016－2025 年）（桂发改区域〔2017〕678 号）

15. 广西壮族自治区推进“一带一路”有机衔接重要门户工作领导小组办公室，关于印发《广西参与建设丝绸之路经济带和 21 世纪海上丝绸之路的思路与行动》的通知（桂一带一路办发〔2016〕1 号）

16. 中共广东省委广东省人民政府，关于印发《广深科技创新走廊规划》的通知（粤发〔2017〕20 号）

17. 广东省人民政府，关于印发《珠三角国家自主创新示范区建设实施方案（2016－2020 年）》的通知（粤府〔2016〕31 号）

18. 中共河南省委河南省人民政府，关于印发《郑洛新国家自主创新示范区建设实施方案》的通知（豫发〔2016〕14 号）

19. 黑龙江省人民政府，批转省发改委关于 2017 年全省经济体制改革重点工作意见的通知（黑政发〔2017〕7 号）

20. 河北省人民政府，关于印发河北省科技创新三年行动计划（2018－2020 年）的通知（冀政发〔2018〕6 号）

21. 内蒙古自治区人民政府，关于印发《呼包鄂榆城市群发展规划》内蒙古

实施方案的通知（内政发〔2018〕55 号）

22. 中共山东省委　山东省人民政府，关于加快山东半岛国家自主创新示范区建设发展的实施意见（鲁发〔2016〕30 号）

23. 贵州省发展和改革委员会　广东省发展和改革委员会　广西壮族自治区发展和改革委员会，联合印发实施贵广高铁经济带发展规划（2016 – 2025 年）（黔发改地区〔2017〕539 号）

24. 四川省人民政府办公厅，关于加快建设成都国家自主创新示范区的实施意见（川办函〔2017〕15 号）

四、地级市及以下政策文件

1. 桂林市人民政府，关于市长副市长党组织成员工作分工的通知（市政〔2015〕13 号）

2. 桂林市人民政府办公室，关于成立桂林自治区级自主创新示范区创建工作推进领导小组的通知（市政办〔2015〕75 号）

3. 桂林市人民政府办公室，关于印发桂林自治区自主创新示范区建设总体方案的通知（市政办〔2017〕22 号）

4. 桂林市人民政府办公室，关于印发桂林市科技创新支撑产业高质量发展实施方案（2019—2021 年）的通知（市政办〔2019〕6 号）

5. 深圳市人民代表大会常务委员会，深圳经济特区国家自主创新示范区条例，深圳市第六届人民代表大会常务委员会公告（第九十五号）

6. 柳州市人民政府，关于印发《柳州自主创新示范区建设实施方案》的通知（柳政规〔2018〕21 号）

7. 桂林市苏桥经济开发区管理委员会，关于成立推进桂林自治区级自主创新示范区建设工作领导小组的通知（苏管发〔2015〕25 号）

附录三：部分国家自主创新示范区国务院批复文件

1. 国务院关于同意支持中关村科技园区建设国家自主创新示范区的批复（国函〔2009〕28号）

科技部、北京市人民政府：

你们《关于支持中关村科技园区建设国家自主创新示范区若干政策建议的请示》（国科发火〔2009〕109号）收悉。

现批复如下：

一、同意中关村科技园区建设国家自主创新示范区。要以科学发展观为指导，发挥创新资源优势，加快改革与发展，努力培养和聚集优秀创新人才特别是产业领军人才，着力研发和转化国际领先的科技成果，做强做大一批具有全球影响力的创新型企业，培育一批国际知名品牌，全面提高中关村科技园区自主创新和辐射带动能力，推动中关村科技园区的科技发展和创新，在本世纪前20年再上一个新台阶，使中关村科技园区成为具有全球影响力的科技创新中心。

二、同意采取以下政策措施支持中关村科技园区建设国家自主创新示范区。

（一）开展股权激励试点。在中关村科技园区范围内的高等院校、科研院所中，开展职务科技成果股权和分红权激励的试点。在中关村科技园区范围内的院所转制企业以及国有高新技术企业中进行股权和分红权激励改革，对做出突出贡献的科技人员和经营管理人员实施期权、技术入股、股权奖励、分红权等多种形式的激励。由财政部、科技部会同有关部门制订具体实施办法。

（二）深化科技金融改革创新试点。完善中关村科技园区范围内非上市公司进入证券公司待办股份转让系统的相关制度；逐步建立和完善各层次市场间的转板制度，建立具有有机联系的多层次资本市场体系。在中关村科技园区范围内注册登记的产业投资基金或股权投资基金，适用国家关于股权投资基金先行先试政策。建立科技型中小企业贷款风险补偿基金，完善科技型企业融资担保机制，鼓励银行加大对科技型中小企业的信贷支持，建立适合科技型中小企业特点、专家参与的风险评估、授信尽职和奖惩制度，开展知识产权等无形资产质押贷款试点。

（三）国家科技重大专项项目（课题）经费中按规定核定间接费用。中关村科技园区范围内承担国家科技重大专项项目（课题）的高等院校、科研院所、企业等单位，可以按照有关规定，在国家科技重大专项项目（课题）经费中核定一定比例的间接费用，主要用于项目（课题）承担单位组织实施项目（课题）过程中发生的管理、协调和监督费用，以及其他无法在直接费用中列支的相关费用。

（四）支持新型产业组织参与国家重大科技项目。在电子信息、生物医药、航空航天、新材料、清洁能源、现代农业、先进制造、节能减排等重点领域，支持中关村科技园区的产业技术创新战略联盟等新型产业组织和民营科技企业参与国家科技重大专项、科技基础设施建设以及有关科技计划项目。由科技部会同有关部门制订具体办法。

（五）实施支持创新创业的税收政策。由财政部、税务总局研究支持中关村科技园区建设国家自主创新示范区的税收政策。

（六）组织编制发展规划。由发展改革委、科技部、财政部及其他有关部门，会同北京市政府，研究制订到 2020 年的中关村科技园区发展规划。

三、支持北京市人民政府积极利用政府采购政策，在中关村科技园区通过首购、订购、实施首台（套）重大技术装备试验和示范项目等措施，推广应用自主创新产品，支持企业自主创新。创新体制机制，支持在中关村科技园区建设世界一流水平的新型研究机构。

四、加强对中关村科技园区建设国家自主创新示范区的领导。同意成立由科技部牵头的部际协调小组，协调各部门在职责范围内支持中关村科技园区建设国家自主创新示范区，落实上述政策措施，研究解决发展中的重大问题。

国务院有关部门、北京市人民政府要充分认识中关村科技园区建设国家自主创新示范区的重要意义，统一思想，支持中关村科技园区先行先试，改革创新，共同开创中关村科技园区发展新局面。

中华人民共和国国务院

二〇〇九年三月十三日

2. 国务院关于同意支持上海张江高新技术产业开发区建设国家自主创新示范区的批复（国函〔2011〕8号）

国家科技部、上海市人民政府：

同意支持上海张江高新技术产业开发区建设国家自主创新示范区。要以科学发展观为指导，发挥创新资源优势，加快改革与发展，努力培养和聚焦优秀创新人才特别是产业领军人才，着力研发和转化国际领先的科技成果，做强做大一批具有全球影响力的创新型企业，培育一批国际知名品牌，全面提高张江高新技术产业开发区自主创新和辐射带动能力，推动张江高新技术产业开发区的科技创新在本世纪前20年再上一个新台阶，使张江高新技术产业开发区成为培育战略性新兴产业的核心载体和实现创新驱动、科学发展的示范区域。

同意张江高新技术产业开发区参照执行《国务院关于同意支持中关村科技园区建设国家自主创新示范区的批复》（国函〔2009〕28号）中确定支持中关村科技园区的开展股权激励试点、深化科技金融改革创新试点、支持新型产业组织参加国家重大科技项目的政策措施。

支持上海市人民政府采取有效措施，推广应用自主创新产品，支持企业自主创新。支持在张江高新技术产业开发区创新体制机制，建设世界一流水平的新型研究机构。

同意成立由科技部牵头的部际协调小组，协调各部门在职责范围内支持张江高新技术产业开发区建设国家自主创新示范区，落实相关政策，研究解决发展中的重大问题。

同时，国务院还要求国务院有关部门、上海市人民政府要充分认识张江高新技术产业开发区建设国家自主创新示范区的重要意义，统一思想，支持张江高新技术产业开发区先行先试，改革创新，共同开创张江高新技术产业开发区发展新局面。

国务院

2011年1月19日

3. 国务院关于同意支持天津滨海高新技术产业开发区建设国家自主创新示范区的批复（国函〔2014〕163 号）

科技部、天津市人民政府：

《科技部、天津市人民政府关于支持天津滨海高新技术产业开发区建设国家自主创新示范区的请示》（国科发商〔2014〕233 号）收悉。现批复如下：

一、同意支持天津滨海高新技术产业开发区建设国家自主创新示范区，区域范围为国务院有关部门公布的开发区审核公告确定的四至范围。要坚持以邓小平理论、“三个代表”重要思想、科学发展观为指导，深入贯彻党的十八大和十八届二中、三中、四中全会精神，按照党中央、国务院决策部署，全面实施创新驱动发展战略，充分发挥天津创新资源集聚和开发开放优势，积极开展创新政策先行先试，激发各类创新主体活力，着力研发和转化国际领先的科技成果，打造一批具有全球影响力的创新型企业，努力把天津国家自主创新示范区建设成为创新主体集聚区、产业发展先导区、转型升级引领区、开放创新示范区。

二、同意天津滨海高新技术产业开发区享有国家自主创新示范区相关政策，同时结合自身特点，在土地节约集约利用、绿色发展等方面进行积极探索；完善激励企业创新的政策机制，搭建公共技术服务平台，促进科技型中小企业发展，创新金融业务模式和产品，更好地服务实体经济和产业转型升级；加强与周边省市战略合作，推动京津冀一体化发展。

三、同意成立由科技部牵头的部际协调小组，协调各部门在职责范围内支持天津滨海高新技术产业开发区建设国家自主创新示范区，落实相关政策措施，研究解决发展中的重大问题。国务院有关部门、天津市人民政府要结合各自职能，在重大项目安排、政策先行先试、体制机制创新等方面给予积极支持，建立协同推进机制，共同开创天津滨海高新技术产业开发区发展新局面。

国务院

2014 年 12 月 11 日

4. 国务院关于同意重庆高新技术产业开发区建设国家自主创新示范区的批复（国函〔2016〕130号）

科技部、重庆市人民政府：

你们《关于支持重庆国家高新区建设国家自主创新示范区的请示》（国科发高〔2016〕205号）收悉。现批复如下：

一、同意重庆高新技术产业开发区建设国家自主创新示范区，区域范围为国务院有关部门公布的开发区审核公告确定的四至范围。要按照党中央、国务院决策部署，贯彻落实全国科技创新大会精神，全面实施创新驱动发展战略，深入推进大众创业、万众创新，发展新经济，培育新动能。要充分发挥重庆的产业优势、体制优势和开放优势，着力建设技术创新体系、新型产业体系、制度创新体系和创新创业生态系统，激发市场主体活力，全面推进对内对外开放，打造具有重要影响力的西部创新中心，努力把重庆高新技术产业开发区建设成为创新驱动引领区、军民融合示范区、科技体制改革试验区、内陆开放先导区。

二、同意重庆高新技术产业开发区享受国家自主创新示范区相关政策，同时结合自身特点，不断深化简政放权、放管结合、优化服务改革，积极开展科技体制改革和机制创新，在科技成果转移转化、科研项目和经费管理、军民深度融合、股权激励、科技金融结合、知识产权保护和运用、人才培养与引进、新型创新组织培育等方面探索示范。

三、同意将重庆高新技术产业开发区建设国家自主创新示范区工作纳入国家自主创新示范区部际协调小组统筹指导，落实相关政策措施，研究解决发展中的重大问题。国务院有关部门要结合各自职能，在重大项目安排、政策先行先试、体制机制创新等方面给予积极支持。

四、重庆市人民政府要加强组织领导，建立协同推进机制，搭建创新合作的联动平台，认真组织编制实施方案，细化任务分工，集成推进重庆高新技术产业开发区建设国家自主创新示范区各项工作。

国务院

2016年7月19日

5. 国务院关于同意乌鲁木齐、昌吉、石河子高新技术产业开发区建设国家自主创新示范区的批复（国函〔2018〕145号）

科技部、新疆维吾尔自治区人民政府、新疆生产建设兵团：

你们关于支持乌鲁木齐、昌吉、石河子高新技术产业开发区建设国家自主创新示范区的请示（国科发高〔2018〕235号）收悉。现批复如下：

一、同意乌鲁木齐、昌吉、石河子3个高新技术产业开发区（以下统称乌鲁木齐、昌吉、石河子高新区）建设国家自主创新示范区，区域范围为国务院有关部门公布的开发区审核公告确定的四至范围。要深入贯彻党的十九大精神，以习近平新时代中国特色社会主义思想为指导，按照党中央、国务院决策部署，全面实施创新驱动发展战略，充分发挥乌鲁木齐、昌吉、石河子区位优势、创新资源优势和产业基础优势，积极开展创新政策先行先试，着力培育良好的创新创业生态，激发各类创新主体活力，深入推进大众创业、万众创新，打造丝绸之路经济带创新创业新高地，全面提升区域创新体系整体效能，努力把乌鲁木齐、昌吉、石河子高新区建设成为科技体制改革和创新政策试验区、创新创业生态优化示范区、科技成果转化示范区、新兴产业集聚示范区、转型升级引领区、科技创新国际合作先导区。

二、同意乌鲁木齐、昌吉、石河子高新区享受国家自主创新示范区相关政策，同时结合自身特点，不断深化简政放权、放管结合、优化服务改革，积极开展科技体制改革和机制创新，加强资源优化整合，在培育优势特色产业集群、科技创新重大平台建设、科技成果转化、人才培育引进、科技金融结合、知识产权运用与保护、面向中西亚合作创新等方面探索示范，努力创造出可复制、可推广的经验。

三、同意将乌鲁木齐、昌吉、石河子高新区建设国家自主创新示范区工作纳入国家自主创新示范区部际协调小组统筹指导，落实相关政策措施，研究解决发展中的重大问题。国务院有关部门要结合各自职能，在重大项目安排、政策先行先试、体制机制创新等方面给予积极支持。

四、新疆维吾尔自治区人民政府和新疆生产建设兵团要加强组织领导，建立协同推进机制，搭建创新合作的联动平台，认真组织编制实施方案，细化任务分工，集成推进乌鲁木齐、昌吉、石河子高新区建设国家自主创新示范区各项工作。

国务院

2018 年 11 月 23 日

附录四：部分国家自主创新示范区规划纲要、实施方案目录或内容摘录

1. 中关村国家自主创新示范区发展规划纲要（2011－2020 年）目录（发改高技〔2011〕367 号）

目　录

2. 东湖国家自主创新示范区发展规划纲要（2011－2020年）目录（国函〔2012〕21号）

目　录

3. 上海张江国家自主创新示范区发展规划纲要（2013－2020年）摘录（国科发高〔2013〕504号）

主要发展预期目标

	指标	2015年	2020年
知识创造和孕育创新的能力	1. 万名从业人员累计拥有有效发明专利数（件）	200	300
	2. 企业R&D经费占销售收入比例（%）	5	6
	3. 国家级研发机构数（个）	115	120
	4. 万人当年新增发明专利授权数（个）	45	50
产业化和规模经济水平	5. 企业总收入（亿元）	约33000	约60000
	6. 增加值（亿元）	约7000	约13000
	7. 战略性新兴产业年销售收入（亿元）	12000	20000
	8. 税收（亿元）	1500	2500
	9. 单位面积工业用地工业增加值（亿元/平方公里）	80	120
	10. 建成土地单位面积税收（亿元/平方公里）	5	8
	11. 服务收入占营业收入比例（%）	45	50
	12. 从业人员人均增加值（万元/人）	30	50
	13. 国家级产业服务机构数（个）	150	160
	14. 上500亿元超大型企业数量（家）	3	5
国际化和参与全球竞争的能力	15. 出口额（亿美元）	600	900
	16. 从业人员中归国留学人员和外籍常住人员占比（%）	1.5	2
	17. 高新技术企业出口额占营业收入比例（%）	10	12
	18. 拥有国际有效专利数（件）	1200	2000
	19. 跨国公司研发总部及研发中心（家）	400	500
	20. 具有国际影响力的产业集群数（个）	2	4

续表

	指标	2015 年	2020 年
高新区可持续发展能力	21. 企业当年新增融资规模（亿元）	400	600
	22. 千名从业人员中拥有硕士（含）以上学历人数（位）	120	150

4. 深圳国家自主创新示范区发展规划纲要（2015－2020 年）（含深圳国家自主创新示范区空间布局规划）内容摘录（国科函高〔2014〕247 号）

根据 2013 年土地利用变更调查数据，深圳国家自主创新示范区范围内现状以建设用地为主，建设用地集中连片，建设用地面积 364 平方公里，占示范区总面积的 91%，农用地 18 平方公里，占示范区总面积的 5%，未利用地 15 平方公里，占示范区总面积的 4%。

（三）一区十园

一区：即深圳国家自主创新示范区，总面积 397 平方公里。

十园：即将深圳国家自主创新示范区划分为十个园区，分别是福田园区、罗湖园区、南山园区、盐田园区、宝安园区、龙岗园区、光明园区、坪山园区、龙华园区和大鹏园区。

1. 福田园区

面积：福田园区总面积 15 平方公里。

四至：福田园区含 7 个子单元园区，包括福田中心商务区（FT－01）、深港商服配套产业基地（FT－02）、金地工业区（FT－03）、福田保税区（FT－04）、华强北工业区（FT－05）、彩田—上梅林产业片区（FT－06）、八卦岭工业区（FT－07）等。

福田中心商务区位于福田区中心地带，涉及福田、沙头、莲花、香蜜湖等街道，具体范围为东至彩田路，南至福强路，西至新洲路、沙嘴路、泰然一路、滨河大道、农林路，北至红荔路、福中三路等围合而成的区域，总面积 9.12 平方公里。

5. 苏南国家自主创新示范区发展规划纲要（2015－2020年）目录（国科函高〔2015〕208号）

目　录

6. 天津国家自主创新示范区发展规划纲要（2015—2020年）内容摘录（国科发高〔2015〕445号）

（二）战略定位

——创新主体集聚区。集聚创新型企业、高水平研发机构和创新要素，营造创新创业生态，构建“众创空间”，打造以科技型企业为主体的区域创新体系。

——产业发展先导区。坚持产业“高”“新”发展，做强做大主导产业，培育一批新技术、新模式、新业态、新产业，打造世界领先的产业新高地。

——转型升级引领区。把信息技术和互联网作为企业、产业转型升级的新引擎，带动产业和城市全面转型升级，打造以转型升级引领区域发展的先行典范。

——开放创新先行区。把握五大战略叠加机遇，探索一批区域开放合作的典型模式，培育一批具有国际竞争力的企业和产业，打造全球创新网络的重要节点。

（三）发展目标

到2020年，天津示范区实现总收入6万亿元。产业竞争力显著提升、创新创业主体高度集聚、创新创业环境显著优化、开放式创新形成新局面，建成具有国际竞争力的产业创新中心和国家重要的区域创新中心。

——产业竞争力显著提升。形成若干全球领先的科技成果，研制出一批提升国家竞争力、保障国家安全、国际国内领先的战略性核心技术。发明专利年授权量达到5000件，高端装备制造、新能源与新能源汽车等主导产业具备国际竞争力。

——创新创业主体高度集聚。大众创业精神活跃，万众创新氛围浓郁，创新型企业蓬勃成长，高水平研发机构加速汇聚。培育10家以上具有全球竞争力的创新型企业，在统筹考虑现有科研资源的基础上，建成一批高水平科技研发基地。

——创新创业环境显著优化。形成创新要素聚合、创新文化融合的发展环境，打造100个众创空间，引进10000名创新型高层次人才，吸引100000人创业。天使投资、风险投资等各类资本聚集发展。公共服务体系完善，社会管理水平显著提高。

——开放式创新形成新格局。建立与北京、河北及环渤海周边腹地的创新发展合作机制，吸纳转化在京高水平科研成果1000项。建成一批国际开放合作发展平台，形成与国际接轨的发展环境和经营理念，成为全球创新网络的重要节点。

7. 长株潭国家自主创新示范区发展规划纲要（2015－2025年）目录（国科发高〔2016〕50号）

目　录

8. 珠三角国家自主创新示范区建设实施方案（2016－2020年）内容摘录（粤府〔2016〕31号）

（二）战略定位。

珠三角国家自创区作为我省实施创新驱动发展战略的核心区，着力打造国际一流的创新创业中心，辐射带动全省创新发展，使珠三角国家自创区成为全省创新发展的强大引擎，为全省创新发展提供强大动力。

——开放创新先行区。深入实施创新驱动发展战略，深化粤港澳及国际创新合作，以灵活的体制机制，打造参与全球创新竞争与合作的重要平台，引领珠三角链接全球创新资源，促进区域内外创新主体之间的合作与交流，建设区域创新源泉和高地，成为我国开放创新先行区。

——转型升级引领区。探索人才、技术、资金等创新要素有效利用模式，形成一批有全球影响力的创新型企业，实现一大批重大科技成果产业化，推进产业结构迈向中高端，支撑珠三角经济转型发展，带动粤东西北地区振兴发展，成为我国转型升级引领区。

——协同创新示范区。突破制约发展的制度性障碍，建立有效的跨境、跨城创新合作协调机制，构建产业链分工协作体系和创新资源开放共享模式，联合香港、澳门建立协同高效、资源共享、功能齐全的创新集群，成为我国协同创新示范区。

——创新创业生态区。大力弘扬创新文化和企业家精神，进一步完善鼓励创新创业的政策，营造大众创业、万众创新的生态环境，激发各类创新主体活力，大力吸引海内外优秀人才和团队来珠三角创新创业，建设国际性创新创业人才高地，成为我国创新创业生态区。

9. 郑洛新国家自主创新示范区建设实施方案内容摘录（豫发〔2016〕14 号）

三、空间布局和功能布局

按照国家和全省经济科技发展要求，根据郑洛新三市的资源禀赋、产业基础、建设基础和城市总体规划，确定示范区的空间布局和功能布局。

（一）空间布局。按照“三市三区多园”的架构，加快形成创新一体化发展格局。“三市”即以郑洛新三市作为示范区建设主体。“三区”即以郑州国家高新区、洛阳国家高新区、新乡国家高新区作为核心区，充分预留发展空间，发挥核心区的辐射带动作用。“多园”即在郑洛新三市内规划建设一批园区，实现产业发展差异化、资源利用最优化和整体功能最大化。三市将核心区和辐射区纳入所在地城市总体规划。

郑州片区。以郑州国家高新区为核心区，以郑州航空港经济综合实验区、郑东新区、金水区、郑州经开区内的重点园区为辐射区。其中航空港区重点建设电子商务园、古城电子信息基地、航空物流园区、精密机械产业园、智能终端产业园、生物医药产业园等；郑东新区重点建设龙子湖新技术产业园、电子商务产业园等；金水区重点建设金水科教园区的河南外包产业园、郑州启迪科技园、郑州北大科技园、西亚斯亚美迪国际软件园等；经开区重点建设智能汽车与电动汽车产业园、重大装备制造科技产业园、河南跨境电商智慧产业园、虚拟现实/增强现实科技产业园、机器人与智能制造科技产业园、智慧物流园等。

洛阳片区。以洛阳国家高新区为核心区，以先进制造产业园区、洛龙科技园区和伊滨科技园区为辐射区。其中先进制造产业园区以洛阳先进制造业集聚区为依托，重点建设洛阳国家大学科技园、卓阳耀滨科技园、洛阳清华启迪科技园等；洛龙科技园区以洛龙省级高新区为依托，重点建设洛阳浙大科技创意园、洛阳恒生科技园、炎黄科技园、莱普生智慧工场等；伊滨科技园区以伊滨科技城为依托，重点建设洛阳中科信息产业研究院、惠普—洛阳国家软件人才及产业基地、中兴通讯智慧产业基地、洛阳中意研究院等。

新乡片区。以新乡国家高新区为核心区，以平原示范区、新乡国家化学与物理电源产业园区、大学科教园、新东产业集聚区为辐射区。其中平原示范区重点建设生物制药生产基地、电子信息产业基地；国家化学与物理电源产业园区重点建设动力电池及材料产业集群；大学科教园重点促进高校创新成果的孵化、转化；新东产业集聚区重点建设光电信息产业示范基地。

（二）功能布局。立足比较优势和发展基础，深化体制机制改革，开展创新政策先行先试，深入推进大众创业、万众创新，激发各类创新主体活力，营造良好的创新创业环境，培育一批“百千万”亿级创新型产业集群。高新区强化战略先导地位，突出“高”和“新”，充分发挥引领、辐射、带动作用。辐射区突出“专”和“精”，发展特色产业。加快形成示范区优势互补、错位发展、特色明显的产业格局，开创各有侧重、各具特色、协同发展的创新新局面，全面提升区域创新体系整体效能。

郑州片区。重点发展智能终端、盾构装备、超硬材料、新能源汽车、非开挖技术、智能仪表与控制系统、可见光通信、信息安全、物联网、北斗导航与遥感等，打造国内具有重要影响力的高端装备制造产业集群和新一代信息技术产业集群。以建设国家科技和金融结合试点城市为抓手，重点开展科技服务业区域试点和科技金融结合方面的试点示范。

洛阳片区。重点发展工业机器人、智能成套装备、高端金属材料、新型绿色耐火材料等，打造国内具有重要影响力的智能装备研发生产基地和新材料创新基地。以建设国家小微企业创业创新基地城市示范为抓手，重点开展创新创业生态体系和新型研发机构建设方面的试点示范。

新乡片区。重点发展新能源动力电池及材料、生物制药、生化制品等，打造新能源动力电池及材料创新中心和生物医药产业集群。充分发挥科教资源集聚优势，全力争创国家创新型试点城市，重点开展新能源领域科技成果转移转化和产业组织方式创新方面的试点示范。

附录五：部分国家自主创新示范区实施意见、条例内容摘录

1.《中共山东省委山东省人民政府关于加快山东半岛国家自主创新示范区建设发展的实施意见》内容摘录（鲁发〔2016〕30号）

（二）战略定位

示范区的总体定位是“以蓝色经济引领转型升级的自主创新示范区”，具体定位是“四区一中心”：

全球海洋科技创新中心。以山东半岛国家高新区为载体，汇集全球海洋科技高端资源，协同推进海洋科技创新，构建开放、协同、高效的科技创新体系，主动融入“一带一路”倡议，加强与国际海洋科技领域合作与交流，把山东半岛地区打造成为具有国际水准的全球海洋科技创新中心，为贯彻实施海洋强国战略提供有力支撑。

体制机制创新先行区。按照科技创新与体制创新协同推进的原则，坚持以市场需求为导向，以深化高新区体制机制改革为路径，以提升自主创新能力为核心，破除体制机制障碍，进一步释放示范区创新创业活力，推动普惠性、可复制的创新政策先行先试，为推进创新驱动发展战略的全面实施作出典型示范。

经济转型升级样板区。强化科技创新的战略导向，立足国家科技战略和山东实际，强化企业创新主体地位，统筹布局重大科研基础设施，力争国家实验室和国家技术创新中心落地示范区，全面增强自主创新能力。积极参与国家重大科技战略，实施省级重大科技创新工程，着力突破一批“卡脖子”重大关键技术。做大做强海洋科技产业，带动新兴产业规模发展、主导产业高端发展、传统产业转型发展、现代服务业加快发展，构建具有国际竞争力的现代产业体系，为打造经济“升级版”提供样板。

创新创业生态示范区。促进科技与“大众创业、万众创新”深度融合，围绕区域主导产业需求，大力发展新兴科技服务业态，完善技术创新服务体系，探

索构建创业要素集聚化、创业载体多元化、创业服务专业化、创业活动持续化、创业资源开放化的生态体系，为创新创业提供示范。

开放协同创新引领区。充分发挥人文交流在促进国际科技创新合作方面的重要作用，积极推动形成发展理念相通、要素流动畅通、科技设施联通、创新链条融通、人员交流顺通的创新共同体，探索建立科技协同、技术联合攻关、人才联合培养的创新合作机制，将示范区打造成为具有国际竞争力的开放型经济发展高地。

2.《四川省人民政府办公厅关于加快建设成都国家自主创新示范区的实施意见》内容摘录（川办函〔2017〕15号）

一、明确发展目标，高标准建设成都国家自主创新示范区

（一）重要意义

国务院批复成都高新区建设国家自主创新示范区，是党中央国务院实施创新驱动发展战略、推进西部大开发作出的战略决策，是我省实现创新驱动发展、增强转型发展动力的战略支撑，对于发挥我省科教资源优势、汇聚大众创新创业伟力、培育和催生经济社会发展新动力具有重大意义；对于解决提升我省先进制造业和高新技术产业发展水平、催生新经济新业态新模式、推动产业转型升级具有重大意义；对于我省贯彻落实国家“一带一路”“长江经济带”发展战略，加快推进全面创新改革试验，促进四川跨越发展具有重大意义。全省上下要深刻认识建设示范区的重大意义，增强使命感、责任感和紧迫感，集中各方资源，汇集各方力量，大力推进示范区建设。成都市政府要认真按照国务院批复要求，切实担负起示范区建设各项责任，强化工作机制、创新工作方法，确保取得预期成效。

（二）总体要求

牢固树立创新、协调、绿色、开放、共享的发展理念，全面深化改革、推进创新，主动融入国家“一带一路”倡议、“长江经济带”建设和省委“三大发展战略”，加快全面创新改革试验区建设，积极衔接成德绵地区全面创新改革试验等重大部署，对标世界一流高科技园区，着力加强顶层设计，高起点、高标准建成创新发展的新引擎，重点构建富有活力的新型产业体系，努力形成“大众创业、万众创新”的新局面，力争把示范区建设成为创新驱动发展引领区、高端产

业集聚区、开放创新样板区和西部地区发展新的增长极，为西部乃至全国高新区发展提供可推广、可复制的经验。

（三）主要目标

到2020年，建成国际创新创业中心基本框架体系，实现总产值10000亿元，聚集科技企业10000家，聚集高层次创新创业人才10000人，发明专利授权达到11000件，万人发明专利拥有量突破200件，实施重大科技成果转化项目1000项，配合和协助主管部门制（修）订国际、国家和行业标准1000项，形成发展强劲、机制健全、环境友好的创新创业生态，形成价值高端、业态多元、主体活跃的产业体系，形成面向全球、聚合发展的开放合作新格局，形成高效灵活、服务优质的体制机制。到2025年，实现总产值15000亿元，形成3—5个千亿元级产业集群，成为西部地区创业发展最为活跃、创新生态最为优越、产业发展最具活力、体制机制持续优化的创新高地，全面建成国际创新创业中心。

3.《深圳经济特区国家自主创新示范区条例》内容摘录——深圳市第六届人民代表大会常务委员会公告（第九十五号）

深圳经济特区国家自主创新示范区条例

（2018年1月12日深圳市第六届人民代表大会常务委员会第二十二次会议通过）

目录

第一章　总　则

第一条　为了全面实施创新驱动发展战略，保障和促进深圳国家自主创新示范区（以下简称示范区）的建设发展，加快建设现代化国际化创新型城市，率先建设社会主义现代化先行区，根据法律、行政法规的基本原则，结合实际，制定本条例。

第二条　示范区科技创新、产业创新、金融创新、管理服务创新、空间资源配置以及社会环境建设等适用本条例。

本条例所称示范区，是指经国务院批准设立，在推进自主创新和高技术产业发展方面先行先试、探索经验、做出示范的区域，包括深圳高新技术产业园区（以下简称高新区）和其他产业园区。

示范区各个产业园区的具体范围由深圳市人民政府另行公布。

第三条　以科技创新为核心，加快建设创新驱动发展示范区、科技体制改革先行区、战略性新兴产业集聚区、开放创新引领区和创新创业生态区，发挥自主创新引领辐射带动作用。

第四条　完善以企业为主体、市场为导向、产学研相结合的创新体系，促进创新要素向企业集聚，不断增强企业创新能力。

第五条　培育激励创新的社会环境，营造开放包容、合作协同、崇尚创新的氛围，激发全社会创新活力。

第六条　市、区人民政府应当加强对示范区工作的组织领导，制定示范区发展规划，建立相应的资金投入和其他保障机制，统筹协调示范区工作中的重大事项。

第七条　对在示范区工作中作出突出贡献的单位和个人，由市、区人民政府及相关部门给予表彰和奖励。

附录六：部分自治区级自主创新示范区实施方案内容摘录

1.《桂林自治区自主创新示范区建设总体方案》内容摘录（市政办〔2017〕22号）

（二）具体目标

到2020年，桂林自治区自主创新示范区建设的具体目标如下：

1. 机制体制创新取得重要突破。在文化与科技融合、科技金融、人才聚集和科技成果转化等机制体制方面先行先试，探索形成符合创新驱动发展的新方法、新模式。

2. 高新技术产业竞争力显著提升。示范区培育高新技术企业150家以上、国内外知名品牌10个以上。规模以上企业中高新技术企业比例达30%以上，高新技术产业产值占工业总产值比重达40%以上。打造电子信息、高端装备制造、食品饮料、新能源、新材料、汽车及零部件、生物医药、文化创意、智慧旅游、健康养生养老等10个产值超100亿的高新技术产业集群。

3. 创新创业人才集聚效应明显。示范区培养和集聚一批优秀创新人才和行业领军人才，引进高层次人才200人以上，高级创新创业团队10个以上，每万名就业人员中研发人员数量达45人年，吸引2万大学生在桂林创新创业，打造桂林大学生创新创业生态示范区。

4. 科技研发和成果转化成效显著。拥有国家级的研究开发机构和创新服务机构25家以上，规模以上工业企业拥有研发机构的比例达到30%以上，每万人发明专利拥有量达到10件以上。

5. 科技支撑引领经济社会发展的能力大幅提升。单位GDP能耗低于0.4吨标煤/万元，入区项目产出强度不低于7200万元/公顷，科技进步贡献率达60%以上。

6. 科技投入强度明显加大。完善财政科技投入稳定增长机制，财政资金科技投入得到重点保障；示范区全社会研发投入（R&D）占 GDP 比重达 2.5%以上。

7. 区域创新创业环境更加优化。进一步拓展培训、中介、信息、信用、孵化等服务平台功能，各类企业孵化载体面积 50 万平方米以上，建立多元化多层次多渠道的科技投入体系和创新创业服务体系。

8. 智慧旅游科技创新全面提升。以互联网、云计算、物联网、多媒体技术等现代信息技术为支撑，基本建成泛在、集约、智能、可持续发展的“智慧旅游”创新体系，促进桂林国际旅游胜地建设，引领全国旅游发展。

9. 面向东盟技术转移取得新突破。依托中国—东盟技术转移中心，全面贯彻落实中国—东盟科技伙伴计划，充分发挥桂林科研机构、高校、企业的技术优势，促进联合科技创新，深化与东盟各国的科技合作，实现科技贸易额 5 亿元以上。

2.《柳州自主创新示范区建设实施方案》内容摘录（柳政规〔2018〕21 号）

四、重点任务

（一）打造汽车、机械、钢铁及战略性新兴产业集群

以产业升级、产品结构优化、产品质量提升为重点，通过推进企业技术进步和自主创新，提升市场竞争力，推动传统产业的提质增效，将柳州建设成为传统产业优化升级的区域标杆。汽车产业围绕规模质量再上新台阶新水平，重点发展轿车、MPV、SUV 等高附加值新产品；机械产业通过智能化、集成化、机电一体化改造，提升核心零部件和新产品研发制造能力；钢铁产业重点支持多品种、高品质、新型化的特种钢发展。加强新能源汽车、新一代信息技术、高端装备制造、新材料、节能环保、医药生物及高端医疗器械等战略性新兴产业的培育，大力发展智能电网产业，以“项目 + 产业”模式发展轨道交通装备产业，加强人才、技术、资本、研发机构等的引进，逐步形成主导产业与战略性新兴产业，将柳州建设成为战略性新兴产业加速发展的先导区。（责任单位：市工业和信息化委、市科技局、市发展改革委、市人力资源社会保障局、各县区人民政府、各新区管委会）

（二）打造和完善科技创新创业体系

一是加快完善激励和保护创新的制度体系。加快改革科技成果产权制度、收益分配制度和转化机制，让科研人员取得更多股权期权等合法权益，更好体现知识和创造的价值。二是加快完善引导企业创新的市场体系。合理规划科技资源布局，从主导科技资源配置向注重市场监管、平台建设转变，从选拔式、分配式扶持向普惠式、引领式转变。通过财税金融政策、产业投资基金等方式，帮助企业度过创业初期和成长期。三是加快完善强化自主创新的投入体系。持续加大稳定财政支持力度。鼓励社会资金与政府基金合作，形成全社会共担机制。四是加快完善支撑创新的人才体系。把提升人力素质放在优先位置，大力培养创新型人才。既要吸引高端人才来柳创业，也要培养本土人才勇攀高峰，更要鼓励草根和蓝领创新人才各展其能。

通过打造和完善科技创新创业体系，突破科技成果转化、科技企业融资、科技人才激励等制度瓶颈，先行先试一批重大政策措施，促进科技与经济紧密结合形成符合创新驱动发展的体制机制，充分发挥科技在转变经济发展方式和调整经济结构中的支撑引领作用，最大限度地把科技成果转化为现实生产力，将柳州建设成为科技体制改革的先行区、创新创业的集聚区。（责任单位：市科技局、市发展改革委、各县区人民政府、各新区管委会、市财政局、市金融办、市国税局、市地税局、市国资委、市工业和信息化委、市行政审批局、市人力资源社会保障局）

（三）深化对外科技创新合作

坚持引进来与走出去相结合，主动参与“一带一路”、珠江—西江经济带建设，借助中国—东盟博览会等平台资源，促进跨区域的科技合作交流，积极推动粤桂黔高铁经济带合作试验区（柳州园）建设。借力“中国—东盟汽车工业博览会”等平台，支持示范区企业对外开展宣传推介工作，积极融入东盟大经济圈。加强国际和区域产业、科技合作交流，大力引驻国际创新机构，探索与国际区域、国际组织合作的新模式，将柳州建设成为开放创新的引领区。（责任单位：市科技局、市发展改革委、市商务委、市投资促进局、各县区人民政府、各新区管委会）

附录七：我国国家高新区和国家自主创新示范区一览（截止到2018年底）

区域	数量	省份	数量	高新区名称	获批年份	“三类园区”类型	国家自主创新示范区	
							示范区名称	获批年份
东部	70+1	北京	1	中关村科技园	1988	世界一流高科技园区	北京中关村国家自主创新示范区	2009
		天津	1	天津滨海高新技术产业开发区	1991	创新型科技园区	天津国家自主创新示范区	2014
		上海	2	上海张江高新技术产业开发区	1992	世界一流高科技园区	上海张江国家自主创新示范区	2011
				上海紫竹高新技术产业开发区	2011		上海张江国家自主创新示范区	2014
		河北	5	石家庄高新技术产业开发区	1991	创新型特色园区		
				保定国家高新技术产业开发区	1992	创新型特色园区		
				唐山高新技术产业开发区	2010			
				燕郊高新技术产业开发区	2010			
				承德高新技术产业开发区	2012			
		山东	13	威海火炬高技术产业开发区	1991	创新型科技园区	山东半岛国家自主创新示范区	2016
				济南高新技术产业开发区	1991	创新型科技园区	山东半岛国家自主创新示范区	2016
				青岛高新技术产业开发区	1992	创新型科技园区	山东半岛国家自主创新示范区	2016
				淄博高新技术产业开发区	1992	创新型科技园区	山东半岛国家自主创新示范区	2016
				潍坊高新技术产业开发区	1992	创新型科技园区	山东半岛国家自主创新示范区	2016

续表

区域	数量	省份	数量	高新区名称	获批年份	“三类园区”类型	国家自主创新示范区	
							示范区名称	获批年份
东部	70+1	山东	13	济宁高新技术产业开发区	2010			
				烟台高新技术产业开发区	2010	创新型特色园区	山东半岛国家自主创新示范区	2016
				临沂高新技术产业开发区	2011			
				泰安高新技术产业开发区	2012			
				枣庄高新技术产业开发区	2015			
				莱芜高新技术产业开发区	2015			
				德州高新技术产业开发区	2015			
				黄河三角洲农业高新技术产业示范区	2015	国家农业高新技术产业示范区		
		江苏	17+1	南京国家高新技术产业开发区	1991	创新型特色园区	苏南国家自主创新示范区	2014
				苏州国家高新技术产业开发区	1992	创新型科技园区	苏南国家自主创新示范区	2014
				无锡国家高新技术产业开发区	1992	创新型科技园区/创新型特色园区（宜兴环保园）	苏南国家自主创新示范区	2014
				常州国家高新技术产业开发区	1992	创新型科技园区	苏南国家自主创新示范区	2014
				泰州医药高新技术产业开发区	2009			
				昆山高新技术产业开发区	2010		苏南国家自主创新示范区	2014
				武进高新技术产业开发区	2010	创新型特色园区		
				江阴高新技术产业开发区	2011	创新型特色园区	苏南国家自主创新示范区	2014
				徐州国家高新技术产业开发区	2012			
				武进高新技术产业开发区	2012		苏南国家自主创新示范区	2014

续表

区域	数量	省份	数量	高新区名称	获批年份	“三类园区”类型	国家自主创新示范区	
							示范区名称	获批年份
东部	70+1	江苏	17+1	南通高新技术产业开发区	2013			
				镇江高新技术产业开发区	2014		苏南国家自主创新示范区	2014
				盐城高新技术产业开发区	2015			
				连云港高新技术产业开发区	2015			
				扬州国家高新技术产业开发区	2015			
				常熟高新技术产业开发区	2015			
				淮安国家高新技术产业开发区	2017			
				宿迁国家高新技术产业开发区	2017			
				苏州工业园	2006	世界一流高科技园区/开放创新综合试验区	苏南国家自主创新示范区	2014
		浙江	8	杭州高新技术产业开发区	1991	世界一流高科技园区	杭州国家自主创新示范区	2015
				宁波高新技术产业开发区	2007	创新型科技园区	宁波、温州国家自主创新示范区	2018
				绍兴高新技术产业开发区	2010			
				温州高新技术产业开发区	2012		宁波、温州国家自主创新示范区	2018
				衢州高新技术产业开发区	2013			
				萧山临江高新技术产业开发区	2015		杭州国家自主创新示范区	
				嘉兴秀洲高新技术产业开发区	2015			
				湖州莫干山高新技术开发区	2015			

续表

区域	数量	省份	数量	高新区名称	获批年份	“三类园区”类型	国家自主创新示范区	
							示范区名称	获批年份
东部	70+1	福建	7	福州高新技术产业开发区	1991		福厦泉国家自主创新示范区	2016
				厦门火炬高技术产业开发区	1991	创新型科技园区	福厦泉国家自主创新示范区	
				泉州高新技术产业开发区	2010		福厦泉国家自主创新示范区	
				漳州高新技术产业开发区	2013			
				莆田国家高新技术产业开发区	2012			
				龙岩高新技术产业开发区	2015			
				三明高新技术产业开发区	2015			
		广东	14	广州高新技术产业开发区	1991	世界一流高科技园区	珠三角国家自主创新示范区	2015
				深圳高新技术产业开发区	1991	世界一流高科技园区	深圳国家自主创新示范区	2014
				中山火炬高技术产业开发区	1991	创新型科技园区	珠三角国家自主创新示范区	2015
				佛山高新技术产业开发区	1992	创新型特色园区	珠三角国家自主创新示范区	2015
				惠州仲恺高新技术产业开发区	1992	创新型特色园区	珠三角国家自主创新示范区	2015
				珠海高新技术产业开发区	1992		珠三角国家自主创新示范区	2015
				东莞松山湖高新技术产业开发区	2010		珠三角国家自主创新示范区	2015
				肇庆高新技术产业开发区	2010		珠三角国家自主创新示范区	2015
				江门国家高新技术产业开发区	2010	创新型特色园区	珠三角国家自主创新示范区	2015
				河源市高新技术开发区（源城）	2015			
				清远高新技术产业开发区	2015			
				汕头高新技术产业开发区	2017			

续表

区域	数量	省份	数量	高新区名称	获批年份	“三类园区”类型	国家自主创新示范区	
							示范区名称	获批年份
东部	70+1	广东	14	湛江高新技术产业开发区	2018			
				茂名高新技术产业开发区	2018			
		海南	1	海口高新技术产业开发区	1991			
中部	44	河南	7	郑州高新技术产业开发区	1991	创新型科技园区	郑洛新国家自主创新示范区	2016
				洛阳高新技术产业开发区	1992	创新型科技园区	郑洛新国家自主创新示范区	2016
				安阳高新技术产业开发区	2010	创新型特色园区		
				南阳高新技术产业开发区	2010			
				新乡高新技术产业开发区	2012		郑洛新国家自主创新示范区	2016
				平顶山高新技术产业开发区	2015			
				焦作高新技术产业开发区	2015			
		山西	2	太原国家高新技术产业开发区	1991			
				长治高新技术产业开发区	2015			
		安徽	6	合肥高新技术产业开发区	1991	世界一流高科技园区	合芜蚌国家自主创新示范区	2016
				蚌埠高新技术产业开发区	2010	创新型特色园区	合芜蚌国家自主创新示范区	2016
				芜湖高新技术产业开发区	2010		合芜蚌国家自主创新示范区	2016
				马鞍山慈湖高新技术产业开发区	2012			
				铜陵狮子山高新技术产业开发区	2017			
				淮南高新技术产业开发区	2018			
		湖北	12	武汉东湖新技术开发区	1991	世界一流高科技园区	武汉东湖国家自主创新示范区	2009
				襄阳高新技术产业开发区	1992	创新型特色园区		

续表

区域	数量	省份	数量	高新区名称	获批年份	“三类园区”类型	国家自主创新示范区	
							示范区名称	获批年份
中部	44	湖北	12	宜昌国家高新技术产业开发区	2010	创新型特色园区		
				孝感高新技术产业开发区	2012			
				荆门高新技术产业开发区	2013	创新型特色园区		
				随州高新技术产业园区	2015			
				仙桃高新技术产业开发区	2015			
				咸宁高新技术产业园区	2017			
				黄冈高新技术产业开发区	2017			
				荆州高新技术产业开发区	2018			
				黄石大冶湖高新技术产业开发区	2018			
				潜江高新技术产业开发区	2018			
		湖南	8	长沙高新技术产业开发区	1991	创新型科技园区	长株潭国家自主创新示范区	2014
				株洲高新技术产业开发区	1992	创新型特色园区	长株潭国家自主创新示范区	2014
				湘潭国家高新技术产业开发区	2009	创新型特色园区	长株潭国家自主创新示范区	2014
				益阳高新技术产业开发区	2011			
				衡阳国家高新技术产业开发区	2012			
				郴州高新技术产业开发区	2015			
				常德高新技术产业开发区	2017			
				怀化高新技术产业开发区	2018			

续表

区域	数量	省份	数量	高新区名称	获批年份	“三类园区”类型	国家自主创新示范区	
							示范区名称	获批年份
中部	44	江西	9	南昌高新技术产业开发区	1991			
				新余高新技术产业开发区	2010			
				景德镇高新技术产业开发区	2010			
				鹰潭国家高新技术产业开发区	2012			
				抚州高新技术产业开发区	2015			
				吉安高新技术产业园区	2015			
				赣州高新技术产业园区	2015			
				宜春丰城高新技术产业开发区	2018			
				九江共青城高新技术产业园区	2018			
西部	39	内蒙古	3	包头稀土高新技术产业开发区	1992	创新型特色园区		
				呼和浩特金山高新技术产业开发区	2013			
				鄂尔多斯高新技术产业园区	2017			
		陕西	7	西安高新技术产业开发区	1991	世界一流高科技园区	西安国家自主创新示范区	2015
				杨凌农业高新技术产业示范区	1997	国家农业高新技术产业示范区		
				宝鸡高新技术产业开发区	1992	创新型科技园区		
				渭南高新技术产业开发区	2010			
				榆林高新技术产业开发区	2012			
				咸阳高新技术产业园区	2012			
				安康高新技术产业开发区	2015			

续表

区域	数量	省份	数量	高新区名称	获批年份	“三类园区”类型	国家自主创新示范区	
							示范区名称	获批年份
西部	39	广西	4	桂林高新技术产业开发区	1991	创新型特色园区		
				南宁高新技术产业开发区	1992	创新型特色园区		
				柳州高新技术产业开发区	2010	创新型特色园区		
				北海高新技术产业开发区	2015			
		云南	3	昆明高新技术产业开发区	1992	创新型特色园区		
				玉溪国家高新技术产业开发区	2012			
				楚雄高新技术产业开发区	2018			
		四川	8	成都高新技术产业开发区	1991	世界一流高科技园区	成都国家自主创新示范区	2015
				绵阳高新技术产业开发区	1992			
				自贡国家高新技术产业开发区	2011			
				乐山高新技术产业开发区	2012			
				泸州高新技术产业开发区	2015	创新型特色园区		
				德阳高新技术产业开发区	2015			
				攀枝花国家高新技术产业开发区	2015			
				内江高新技术产业园区	2017			
		贵州	2	贵阳高新技术产业开发区	1992			
				安顺高新技术产业开发区	2017			
		重庆	4	重庆高新技术产业开发区	1991		重庆国家自主创新示范区	2016
				璧山高新技术产业开发区	2015			

续表

区域	数量	省份	数量	高新区名称	获批年份	“三类园区”类型	国家自主创新示范区	
							示范区名称	获批年份
西部	39	重庆	4	荣昌高新技术产业开发区	2018			
				永川高新技术产业开发区	2018			
		甘肃	2	兰州高新技术产业开发区	1991		兰州、白银国家自主创新示范区	2018
				白银高新技术产业开发区	2010		兰州、白银国家自主创新示范区	2018
		青海	1	西宁国家高新技术产业开发区	2010			
		宁夏	2	银川高新技术产业开发区	2010			
				石嘴山高新技术产业开发区	2013			
		新疆	3	乌鲁木齐高新技术产业开发区	1992	创新型特色园区	乌鲁木齐、昌吉、石河子国家自主创新示范区	2018
				昌吉高新技术产业开发区	2010		乌鲁木齐、昌吉、石河子国家自主创新示范区	2018
				石河子高新技术产业开发区	2013		乌鲁木齐、昌吉、石河子国家自主创新示范区	2018
东北	16	黑龙江	3	哈尔滨高新技术产业开发区	1991			
				大庆高新技术产业开发区	1992	创新型科技园区		
				齐齐哈尔高新技术产业开发区	2010			

续表

区域	数量	省份	数量	高新区名称	获批年份	“三类园区”类型	国家自主创新示范区	
							示范区名称	获批年份
东北	16	吉林	5	长春高新技术产业开发区	1991	创新型科技园区		
				吉林高新技术产业开发区	1992			
				延吉高新技术产业开发区	2010			
				长春净月高新技术产业开发区	2012			
				通化医药高新技术产业开发区	2013			
		辽宁	8	沈阳高新技术产业开发区	1991		沈大国家自主创新示范区	2016
				大连高新技术产业开发区	1991	创新型特色园区	沈大国家自主创新示范区	2016
				鞍山高新技术产业开发区	1992			
				营口高新技术产业开发区	2010			
				辽阳高新技术产业开发区	2010			
				本溪高新技术产业开发区	2012			
				阜新高新技术产业开发区	2013			
				锦州高新技术产业开发区	2015			

后　记

本书是在广西科技计划项目（软科学研究课题）“南柳桂北国家自主创新示范区建设对策研究”（项目编号：桂科 AB17205016）课题研究主要成果基础上撰写的。本书基于开放式区域创新系统的研究框架，提出“五个关键协同”，有针对性地研究了南柳桂北国家自主创新示范区的协同发展，这为广西构建以创新为引领的经济体系和发展模式，实现广西“到 2020 年初步建成创新型省区”的创新驱动发展战略主要目标打下坚实基础。

基于课题研究的需要，课题组成员开展了卓有成效的工作，为本书的撰写打下了扎实的基础，感谢课题组成员李彩云、李敦祥、马小龙等的工作支持。在初稿撰写和修改过程中，硕士研究生范盈超帮助笔者对书稿中的图表、参考文献等进行了优化和规整，付出了辛勤的劳动，笔者对此表示感谢。

本书的出版，得到了桂林理工大学商学院出版基金的经费支持。同时，在本书撰写期间，实验室同事们在课程教学和其他工作方面给予了不同程度的支持，以便我能更顺利地完成最后的写作。在此，笔者对商学院领导及同人一并表示感谢。

本书在撰写过程中，吸收了大量前人和同行的研究成果。对此，笔者对他们表示衷心的感谢。

本书能够出版，离不开作为朋友的经济管理出版社曹靖老师及出版社其他编辑老师的辛勤工作，感谢他们的帮助。

更应感谢的是我的爱人李彩云女士，以及我们的孩子王李婧馨、李沛、李婧茜。他们的爱和支持，是本书得以成稿的源头动力。尤其是在王李婧馨身体状况不佳的情况下，她和妈妈面对病痛和困难所付出的巨大艰辛是对我莫大的鞭策。

最后，笔者虽已努力，但由于能力有限，书稿难免存在不足。对此，恳请专家和读者不吝指正！